CLASSIQUES EN POCHE

Collection
dirigée
par
Hélène Monsacré

PLUTARQUE

SUR LES ORACLES DE LA PYTHIE

Texte établi et traduit par Robert Flacelière
Introduction et notes par Sabina Crippa

LES BELLES LETTRES

2007

Ce texte et la traduction sont repris du volume correspondant dans la Collection des Universités de France (C.U.F.), toujours disponible avec apparat critique et scientifique. (Plutarque, Œuvres morales, t. VI, Dialogues pythiques, 2ᵉ tirage, 2003)

© 2007, Société d'édition Les Belles Lettres,
95 bd Raspail 75006 Paris.
www.lesbelleslettres.com

ISBN : 978-2-251-79989-6

Introduction

par Sabina Crippa

> « *Nous n'allions pas croire que c'est le dieu en personne qui jadis composait les vers et qui aujourd'hui dicte les termes des oracles à la Pythie, à la manière d'un auteur de théâtre qui s'exprime à travers les masques de ses personnages* [1]. »

Fort de son expérience de prêtre à Delphes pendant une vingtaine d'années, au Ier siècle après J.-C. [2], Plutarque définit en termes polémiques la relation unissant le dieu Apollon et sa prêtresse, la Pythie, lors de l'énonciation prophétique [3].

Au soir d'une époque où le sanctuaire panhellénique de Delphes pouvait sembler sur le déclin, Plutarque prend la défense des oracles delphiques et de la

---

1. PLUTARQUE, *Sur les oracles de la Pythie*, § 20, *Mor.*, 404B.

2. Issu d'une famille de notables, Plutarque est né aux environs de 46 après J.-C. à Chéronée en Béotie ; il meurt aux environs de 125 après J.-C. à Delphes. Grand voyageur, il a fréquenté tous les lieux depuis Athènes et Alexandrie jusqu'à Rome, avant de rejoindre le sanctuaire de Delphes. De retour à Chéronée, il y remplit diverses charges municipales et régionales. À Rome, vers la fin du règne de Vespasien, il obtient le titre de citoyen romain.

3. La prêtrise est une magistrature de la cité à laquelle appartient le sanctuaire : le rôle du prêtre est d'ordre administratif, celui d'un magistrat chargé de veiller à la bonne marche du sanctuaire ainsi que du culte qui y est rendu. Voir, par exemple, L. BRUIT et P. SCHMITT-PANTEL, *La Religion grecque*, Paris, Armand Colin, 1989, p. 32-35.

divination : ses réflexions portent tantôt sur les modalités de communication avec le divin, tantôt sur la typologie des réponses, ou encore sur le caractère ambigu des paroles du dieu et de ses porte-parole.

Ces thèmes continuent de traverser la culture occidentale [1]. Il suffit de penser à Fr. Dürrenmatt lorsqu'il évoque magistralement la Pythie, oscillant toujours entre l'ambiguïté proverbiale des oracles et le manque de nuance des réponses de type « oui/non » :

> « Pannychis XI, prêtresse de Delphes, était, comme la plupart des pythies avant elle, efflanquée et de haute taille. Agacée par l'ineptie de ses oracles et la crédulité des Grecs, elle avait écouté le jeune Œdipe : encore un qui demandait si ses parents étaient vraiment les siens [...]. Quand les pèlerins, déjà assaillis de doutes, venaient consulter l'oracle, la Pythie se contentait en principe de leur donner une réponse vague : peut-être bien que oui, peut-être que non [2]. »

LES ORACLES DE LA PYTHIE

Source fondamentale pour l'étude de la divination antique, les *oracles de la Pythie* constituent un véritable « testament delphique » de cet écrivain initié à la rhétorique, qui avait étudié les mathématiques, la physique, les sciences naturelles, l'histoire et la philosophie, auprès

---

1. Sans oublier non seulement l'importance de la divination au sein du monde ancien, mais aussi son rôle fondamental dans la plupart des cultures. Voir l'introduction de J.-P. VERNANT *et al.*, *Divination et rationalité*, Seuil, Paris, 1974.

2. Fr. DÜRRENMATT, *La Mort de la Pythie*, Paris-Lausanne, Fallois/L'Âge d'Homme, 1990, p. 9 (*Das Sterben der Pythia*, Zürich, Diogenes Verlag, 1985).

du philosophe platonicien Ammonios. Dans la collection des *Moralia* de Plutarque, les *oracles de la Pythie*, ainsi que les autres *Putikoi logoi (Dialogues Pythiques)* [1] concernent essentiellement des sujets relatifs à Delphes.

L'épithète « pythique » du titre de ces dialogues inscrits dans la tradition littéraire, notamment péripatéticienne [2], fait d'abord référence à leur situation géographique, dessinant le cadre formel et idéal pour un parcours philosophique symbolisé par la promenade dans des lieux sacrés dédiés au dieu delphique [3].

Historien et philosophe des religions, d'après la définition de W. Burkert [4], mais également philosophe d'ascendance clairement platonicienne, Plutarque choisit la structure formelle ouverte du dialogue philosophique. Sa recherche philosophique implique la confrontation nécessaire, voire parfois la dispute – d'ailleurs non

---

1. Plutarque a écrit le *De Pythiæ oraculis* tout à la fin de sa vie, entre 120 et 125 environ après J.-C. Les deux autres dialogues ont été composés certainement lorsqu'il était prêtre d'Apollon Pythien, mais, comme il exerça le sacerdoce pendant de nombreuses Pythiades, il se peut que le *Sur le E de Delphes* et le *Sur la disparition des oracles* lui soient assez largement antérieurs.

2. Les *Dialogues « Pythiques »* ne constituent pas un *unicum* dans la littérature grecque ancienne : cf., par exemple, le *Megarikos* de Théophraste, le *Khalkidikos* de Démétrios de Phalère, ainsi que les *Korinthiakoi* et les *Lesbiakoi logoi* de Dicéarque.

3. Le véritable protagoniste du Dialogue est la ville de Delphes : son histoire, ses monuments. Le groupe d'amis remonte la Voie sacrée jusqu'au temple d'Apollon en suivant un itinéraire réel.

4. Cf. W. BURKERT, « Plutarco : religiosità personale e teologia filosofica », in I. Gallo (sous la dir.), *Plutarco e la religione*, Actes du VIe Colloque de Ravello, 29-31 mai 1995, Naples, D'Auria, 1996, p.11-21, cit. p. 21. Sur Plutarque lettré, philosophe ou antiquaire, voir F. E. BRENK, « An Imperial Heritage : The Religious Spirit of Plutarch of Chaironeia », in W. HAASE (éd.), *Aufstieg und Niedergang der romischen Welt* II, 36,1, p. 248-349.

étrangère à Platon [1] – entre les différents courants de pensée, stoïcisme, aristotélisme, représentés dans les *oracles de la Pythie* par un nombre d'autant plus important de personnages que la richesse du débat philosophique se fait plus complexe. Ce sont surtout deux philosophies qui s'affrontent sans revendiquer l'appartenance à telle ou telle école : Diogénianos n'est pas plus épicurien que Théon n'est stoïcien.

Dans ces dialogues, cependant, Plutarque se soucie moins de décrire précisément que de poser les fondements de ses équations philosophiques qui lui permettent une réflexion sur le divin. Si, par exemple, il s'intéresse à l'air provoquant la patine du bronze quand il évoque les statues des navarques, c'est qu'il doit fournir le moyen terme d'un rapport capable d'être mis en parallèle avec le *pneuma* dans un autre rapport de même nature.

À travers la forme élégante de la périégèse, d'une conversation qui admet les modalités du parcours d'un labyrinthe, Plutarque esquisse une sorte de théâtre philosophique, dans lequel les personnages alternent et débattent autour de l'autel du dieu [2]. Les promeneurs vont à la découverte d'eux-mêmes et de leur sujet au gré des circonstances et des paysages. La discussion naît au gré des pas. Les monuments la créent et la suscitent :

---

1. La structure du dialogue est analogue à celle du *De genio Socratis*, ainsi qu'à celle du *Phédon* de Platon : une conversation introduite par un bref dialogue. Sur les « genres littéraires » dans les *Moralia*, voir I. GALLO, « Forma Letteraria nei *Moralia* di Plutarco : aspetti e problemi », in W. HAASE (éd.), *Aufstieg und Niedergang der romischen Welt*, II 34.4, (1998), p. 3511-3540.

2. D'après D. BABUT, *Parerga. Choix d'articles de Daniel Babut* (1974-1994), Lyon, 1994, p.457-504 ; p. 472, la succession anarchique de développements plus ou moins oiseux qui semble caractériser la composition du dialogue pourrait dissimuler en réalité une construction soigneusement élaborée.

la consécration des navarques de Lysandre ou des rois d'Argos comme la statue de Hiéron, tyran de Syracuse, ou le rocher de la Sibylle, le trésor de Corinthe comme celui de Brasidas et des Acanthiens, la statue d'or de Phryné au milieu des monarques d'or.

Par ce parcours à la fois géographique et philosophique, la discussion finit par porter sur la décadence des oracles, voire leur silence, et particulièrement sur la qualité des oracles pythiques, servant de point de départ aux célèbres dialogues qui se déroulent à l'intérieur du sanctuaire *(Sur la disparition des oracles et Sur les oracles de la Pythie)*.

Après avoir écouté la citation d'un oracle en vers prononcée par les guides du temple, le personnage de Diogénanos manifeste sa stupeur devant la pauvreté et la médiocrité des réponses oraculaires versifiées d'Apollon, dieu des Muses, truffées en outre d'erreurs de métrique et de langue. Cette remarque relative au caractère déplaisant et à la piètre qualité des réponses oraculaires de la Pythie, en apparence formelle, permet à Plutarque d'aborder le problème plus général de la mantique inspirée et d'affirmer l'authenticité et le caractère sacré de l'inspiration prophétique [1].

AU CŒUR DE LA DIVINATION

Comme l'a remarqué D. Babut, le thème principal des *Dialogues Pythiques*, qui n'a cessé de préoccuper

---

1. Le titre latin du Dialogue *(De Pythiae oraculis)* indique mieux que le titre grec du Dialogue *(Pourquoi la Pythie ne rend plus ses oracles en vers)* la véritable portée de l'ouvrage, consacré à la théorie de la mantique à Delphes. Voir R. FLACELIÈRE, *Dialogues Pythiques, Notice*, Paris, Les Belles Lettres, 1974, p. 39.

l'auteur des *Moralia* et des *Vies* et qui a, pour ainsi
dire, polarisé sa réflexion de philosophe et de croyant[1],
est celui du rapport entre la connaissance du divin et
sa transmission : comment l'homme peut-il atteindre la
pensée divine par la raison ?

Le sujet est d'importance et se développe chez
Plutarque à travers plusieurs questions : comment se
fait le passage d'une réalité spirituelle à une expression
verbale concrète ? Qui permet ce passage du spirituel au
matériel ? La Pythie, la Sibylle ?

Qui prononce les vers oraculaires ? Quel rôle a le
savoir dans le contact avec le divin à Delphes, ce lieu que
Platon (*République* IV, 427c) définissait comme étant le
nombril de la terre d'où le dieu Apollon s'était établi pour
guider le genre humain ?

À l'époque de Plutarque, dans le sanctuaire panhellénique où se rendaient les ambassadeurs du monde ancien,
les thèmes abordés par les oracles pythiques concernaient
certaines affaires publiques : les consultations prove-
naient de la ville et portaient sur les récoltes ou l'élevage,
mais souvent aussi sur de petits problèmes de nature
personnelle comme le mariage et les dettes[2].

La question du prestige des oracles de la Pythie
semblait sombrer dans un débat sur la qualité et sur
l'authenticité mêmes des oracles. Ce débat est encore
aujourd'hui objet de réflexion.

---

1. D. BABUT, « Stoïciens et stoïcisme dans les *Dialogues Pythiques*
de Plutarque », *Illinois Classical Studies* 18, 1993, p. 203-227.

2. PLUTARQUE, *Sur les oracles de la Pythie*, § 28, *Mor.* 408C ;
cf. *Sur la disparition des oracle*, § 7, *Mor.* 413B, et *Sur le E de
Delphes*, § 5, *Mor.* 386C. Sur la nature des consultations à Delphes,
voir récemment R. PARKER, « Greek States and Greek Oracles », in P.
A. Cartledge et F. D. Harvey (éd.), *Crux : Essays presented to G.E.M. de
Ste. Croix on his 75th Birthday*, Londres, Sidmouth, 1985, p. 318-320.

Ainsi, dans les recherches récentes, par « tradition delphique », on entend un ample éventail comprenant les oracles prétendument historiques cités par Hérodote [1] et les compositions littéraires censément delphiques qui auraient inspiré par la suite toute la littérature de collections oraculaires attribuées aux Bakides et aux Sibylles [2]. D'une part, les formules brèves, simples, uniformes, étrangères à la proverbiale ambiguïté des oracles originaires – qui peut-être sont rattachés au sanctuaire delphique ; et, d'autre part, des compositions poétiques, ou du moins fréquemment en vers, traductions des proférations des prophètes–poètes qui, au fil du temps, avaient été mises en rapport avec les sanctuaires d'Apollon à Delphes comme à Didyme.

Quant à la réflexion sur la qualité des réponses oraculaires, elle est associée à la difficulté de faire la distinction entre ce qui est du domaine du poétique et ce qui est du domaine de l'oraculaire [3]. Tantôt on reconnaît la « primauté » d'une poésie oraculaire, source pour les compositions contemporaines de l'épos homérique ou

---

1. Voir par exemple, R. CRAHAY, *La Littérature oraculaire chez Hérodote*, Paris, Les Belles Lettres, 1956.

2. D'après J. FONTENROSE, *The Delphic Oracle*, Berkeley, California University Press, 1978, p. 199 ; plusieurs oracles, définis comme étant des proférations authentiques des Sibylles, sont caractérisés, dans la tradition littéraire, par des formules « delphiques » : 'All'otan et 'All'opotan, par exemple, et ouvrent l'oracle de la Sibylle chez Lucien tout comme un oracle de Bakis chez Aristophane. Les prophéties des *Oracles Sibyllins*, d'ailleurs, sont souvent introduites par 'All'otan et 'All'opotan tout comme l'est également un oracle des *Livres Sibyllins* rapporté par Phlégon (*Macr.* 4).

3. Certains choix stylistiques à un niveau formel de la langue peuvent en effet être considérés comme convenant aussi bien à la poésie élevée qu'à la langue des oracles. Voir à ce propos l'étude de B. K. BRASWELL, *A Commentary on the Fourth Pythian Ode of Pindar*, Berlin-New York, W. de Gruyter, 1988.

postérieures à lui, dont les auteurs seraient les *prophêtai*,
les poètes delphiques, évoquant ainsi l'association très
souvent postulée entre poète et prophète[1] dans cette
tradition orale commune aux Grecs où se fondent poésie
épique, didactique et oraculaire. Tantôt, sans admettre
nécessairement une figure ou un rôle d'aède mantique,
on insiste sur le caractère propre des oracles en tant
que «*poésie orale*[2]». Et la «médiocrité» des vers
oraculaires, dont parle déjà le personnage de Plutarque,
Diogénianos, serait la trace de l'authenticité d'une poésie
«orale» produite dans un contexte oraculaire, à savoir
d'une poésie populaire improvisée, suivie par l'étape de
l'oralité[3].

Aux origines de la tradition delphique, on pouvait
choisir : les oracles étaient exprimés tantôt en vers tantôt
en prose. Ce n'est que par la suite qu'Apollon impose à la
Pythie de s'exprimer à la manière d'une ligne droite, en
ayant recours à la métaphore géométrique de la *gramme*,
la médiation la plus simple entre deux points.

Quoi qu'il en soit, les oracles contemporains sont
rendus en prose sans que leur valeur en soit en rien
diminuée. Car l'oracle n'est pas une épiphanie, il n'est

---

1. Depuis les recherches bien connues de J. Chadwick, jusqu'à
celles de Gr. NAGY, « Ancient Greek Poetry, Prophecy, and Concepts
of Theory », in J. L. Kugel (éd.), *Poetry and Prophecy. The Beginning
of a Literary Tradition*, Ithaca (N.Y.)-Londres, Cornell University Press,
1990.

2. J. A. FERNANDEZ DELGADO, « Poesia oral mántica en los
oraculos de Delfos », in J. L. MELENA (éd.), *Symbolae L. Mitxelena
Septuagenario Oblatae*, Vitoria, Inst. de Ciencias de la Antiguedad de
la Universidad del Pais, Vasco, 1985, p. 153-166 ; p. 11.

3. L. E. ROSSI, « Gli oracoli come documento di improvvisa-
zione », in C. BRILLANTE, M. CANTILENA et C. O. PAVESE (sous la
dir.), *I poemi epici rapsodici non omerici e la tradizione orale*, Actes
du colloque de Venise, 28-30 septembre 1977, Padoue, Antenore, 1981,
p. 203-221.

qu'un reflet, et le dieu n'est donc pas responsable de la formulation de l'oracle qui varie non seulement selon la personnalité des Pythies, mais aussi selon les époques :

> « il survint dans le cours des choses et les tempéraments des hommes un changement qui modifia la manière de vivre » (*Sur les oracles de la Pythie* § 23, *Mor.* 406D).

Voix prophétiques : Pythie et Sibylle

Dans sa défense des oracles de Delphes, par une mosaïque de métaphores empruntées à la *mousiké*, cet art proprement grec qui englobe musique, danse et parole, Plutarque nous oriente vers un univers sonore de cris, de voix, d'échos qui caractérise en Grèce ancienne à la fois le domaine oraculaire et celui de la composition poétique.

Bruissements, fragments de voix, sons inarticulés : ce sont les multiples registres de la parole divine et les voix qui évoquent les formes possibles de communication entre le divin et l'humain.

À Dodone[1], le sanctuaire oraculaire est par excellence le lieu des mille voix où retentit l'écho harmonieux *(êchos énarmonios)*[2] du bronze[3] et du chêne *(hê drus*

---

1. Pour l'oracle de Dodone, voir par exemple : H. W. PARKE, *The Oracles of Zeus. Dodone, Olimpia, Ammon*, Oxford, Basil Blackwell, 1967, p. 52-57 ; A. BOUCHÉ-LECLERCQ, *Histoire de la divination dans l'Antiquité*, Paris, Leroux, 1879-82, II, p. 277-331.

2. Cf. PHILOSTRATE, *Images* II, 33, Nonnus abbas in Greg. Naz. *or.* 32 ; Souda (Adler) *s.v. Dôdônê.*

3. Pour le bronze qui résonne et qui produit un son prolongé d'écho : Souda *s.v. Dôdônaion khalkeion* (cf. Strabon VII, fr. 3) ; Steph. Biz. *s.v. Dôdônê. Dôdônaion khalkeion paroimia epi tôn polla lalaountôn.* D'après Porphyre (*Vie de Pythagore* 41), « le son produit

êkousa), écho que les colombes-prophétesses[1] portent en elles-mêmes *(enephorounto)*, quand elles énoncent la volonté de Zeus *(hai de ephtheggonto oti tade legei ho Zeus)*.

Toujours à Dodone, la voix polyglotte du chêne semble répondre, diffuse et indistincte, aux consultants dans leurs différents dialectes et langues[2], voix multiple que les *Scholies* interprètent comme la possibilité de proférer les oracles suivant la langue de chacun des consultants[3].

Des présages sonores s'entendent aussi à Olympie où les cris d'oiseaux se confondent avec des sons multiples censés répandre la voix de Zeus[4]. Ce sont des voix dissonantes, inharmonieuses : mille cris incompréhensibles, des sons *plurimi*, innombrables, non humains que seule la divinité peut comprendre. Loin d'être des bruits ou un simple cri, ces voix aux limites du langage instituent un nouveau lieu vocal d'où peut s'établir la communication avec le divin.

À Delphes, d'après Plutarque[5], les premières pro-

---

par un coup sur le bronze était la voix d'un démon, prisonnière de ce bronze ».

1. *Ai promantiés dôdônaion* : Hérodote. II, 54-55 ; Plat., *Phèdre*, 244b, Euripide fr. 368 Nauck², Aristide *Or*. 45, 11D, etc.

2. Cf. SOPHOCLE, *Trachiniennes* 1167-1168 : « dans le bois saint des Selles montagnards qui couchent sur le sol, je me suis fait écrire sous la dictée du chêne aux mille voix » (trad. de P. Mazon, revue par J. Irigoin, Paris, Les Belles Lettres, 1994).

3. Il s'agit sans doute d'un phénomène semblable à celui cité par Hérodote (VIII, 135) à propos du sanctuaire d'Apollon Ptoios, en Béotie (cf. Pausanias IX, 23,6) : le *promantis* aurait rendu l'oracle à Mys « en langue barbare », dans une langue impossible à interpréter pour les Thébains chargés de le transcrire (il s'agissait apparemment d'une langue anatolique, le carien, langue maternelle de Mys).

4. H. W. PARKE, *op.cit.*, p. 178

5. Sur les origines mythiques de l'oracle à Delphes, voir

phétesses étaient les Muses, filles de Mnémosyne, la mémoire, qui, à l'instar du prophète, connaissaient le passé, le présent et le futur :

> « Si l'on installa ici les Muses comme assistantes et gardiennes de la divination, à côté de la fontaine et du sanctuaire de la terre, à laquelle appartenait dit-on l'oracle, c'est parce que l'avenir y était chanté en vers » (*Sur les oracles de la Pythie* §17, *Mor.* 402D).

Ensuite, dans le sanctuaire le plus important de la Grèce ancienne, s'opposaient deux paroles : d'une part, les réponses oraculaires de la Pythie dépendante de l'institution, liée aux intérêts politiques de l'époque et soumise par là même au contrôle des prêtres qui géraient le calendrier des consultations et le rituel [1] ; d'autre part, s'opposant à elle, la parole prophétique de la Sibylle, qui se situe à l'extérieur, sur un rocher à côté du *bouleuterion* (Plutarque, *Sur les oracles de la Pythie* § 8, *Mor.* 398C) ou ailleurs, dans une grotte ou dans une caverne [2]. Dotée du pouvoir de « seconde vue », la Sibylle prophétise sans instruments ni ornements : ses prophéties ne sont jamais des réponses. Elles sont toujours des visions : la guerre de

---

C. SOURVINOU-INWOOD, « Myth as History : The Previous Owners of Delphic Oracle », in J. BREMMER (éd.), *Interpretation of Greek Mythology*, Londres-Sydney, Crom Helm, 1987, p. 215-241. Cf. N. LORAUX, « Débouter le féminin ou la ruse du Mythe », *Psychanalystes*, 13 (1985), p. 3-16.

1. Cf. par exemple J. ROUX, *Delphes, son oracle et ses dieux*, Paris, Les Belles Lettres, 1976, p. 64-69, 147-164 ; P. AMANDRY, *La Mantique apollinienne à Delphes*, Paris, de Boccard, 1950, p. 120-122 ; H. W. PARKE, « A Note on the Delphic Priesthood », *Classical Quarterly*, 34 (1940), p. 85-89.

2. Le lieu de l'énonciation prophétique de la Sibylle est souvent un lieu désert ou « sauvage » : cf. par exemple Pausanias X, 12, 1 et 6.

Troie, les origines de Rome, la palingénésie universelle [1].
Ce n'est pas le logos de Delphes, mais le langage des
visions d'une prophétie occasionnelle.

Si la valeur sémantique de la parole oraculaire
d'Apollon réside dans son sens de fondation et de
maîtrise de l'espace – c'est une voix centripète qui attire
les hommes à la consultation, qui leur montre le parcours,
en traçant l'orientation dans l'espace –, la voix de la
Sibylle, en revanche, douée d'un pouvoir qui n'est ni
celui d'apaiser la nature ni celui de la dominer (à la
différence de la voix centripète d'Orphée [2]), est une voix
nomade et centrifuge qui se confond avec toutes les
formes de vocalités du réel.

De ces voix, Plutarque n'oublie pas de mettre
en évidence le trait fondamental dans l'énonciation
prophétique : la composante acoustique [3]. Parfois il s'agit

---

1. Cf. aussi PLUTARQUE, *Sur les oracles de la Pythie*, § 10, *Mor.*
399A : « Ces Sibylles et ces Bakis [...] ont jeté et disséminé au hasard
dans le cours des âges, comme dans un océan, l'annonce et la prédiction
de malheurs et d'événements de tout genre. » D'après Héraclite (22B,
92 D.-K.), il s'agit des « choses dont on ne rie pas *(agelasta)* ».

2. Sur les diverses interprétations de la figure d'Orphée, cf. par
exemple M. DETIENNE, « Orphée au miel », *Quaderni Urbinati di
Cultura Classica*, 12 (1971), p. 7-23 ; J. BREMMER, « Orpheus : From
Guru to Gay », in Ph. BORGEAUD (sous la dir.), *Orphisme et Orphée,
en l'honneur de Jean Rudhart*, Genève Droz 1991, p. 13-30 ; F. GRAF,
Orpheus : A Poet Among Men, in J. BREMMER (éd.), *Interpretation of
Greek Mythology*, Londres, Routledge, 1988, p. 108-106.

3. C'est par le lexème *phthoggos* et le verbe *phtheggomai* qu'en
grec on désigne dans le contexte oraculaire les phonations sonores
multiples de la prophétesse : cf. PLATON, *Ion* 534d, DIODORE XVI,26 ;
HÉRACLITE fr. 92DK ; cf. PLUTARQUE, *Thésée* 24, 6 ; Herm. *ad* Plat.
Phèdre. II 22 ; PINDARE, *Pythique* VIII, 56, LUC. 42,25, THÉOCRITE
XXII, 117. Sur le lexique de la voix dans les contextes oraculaires, je
me permets de renvoyer à S. CRIPPA, « Una lettura etnolinguistica del
lessico della fonetica », in C. VALLINI (sous la dir.), *Actes du colloque
international*, Istituto Universitario Orientale Naples, Il Calamo, Rome,

d'un cri chanté. On dirait une voix divine et harmonieuse dont on souligne l'articulation et la vibration et dont l'écho demeure dans le verbe *audaô* ou *aeidô* : le chant, la prophétie chantée. À d'autres moments, c'est l'aspect acoustique et phonique qui est mis en relief.

Ainsi, dans son caractère multiple et multiforme à la fois, cette voix devient tantôt, dans le registre suraigu, le chant non harmonieux du rossignol, tantôt le cri de l'hirondelle. Lors du dévoilement de l'énigme, lorsqu'elle rejoint celle du Sphinx, cette voix se mue en aboiement, pour revenir ensuite à la vibration seule, comme si elle s'était changée en un instrument à cordes. Dans l'articulation complexe de la musique à la voix prophétique, la voix de la Sibylle semble n'être réduite qu'à une simple note [1], et on pourra reprocher à la Pythie de « ne pas faire entendre des sons plus harmonieux que Glaukê, la chanteuse à la cithare » (*Sur les oracles de la Pythie* §5, *Mor.* 397A).

Comment appréhender ces voix oraculaires qui semblent n'être qu'un chant indéfini et qui ne peuvent être rapprochées d'aucune langue ?

À parcourir les différentes représentations de la voix dans l'Antiquité grecque, on s'aperçoit que cette voix oraculaire n'envoûte pas, ne lie pas, pas plus qu'elle ne chante d'une façon suave. Lorsqu'elle devient une voix de miel, par exemple, comme celle que Sibylle

---

2000, p. 115-132, et *eadem* « Figures du *Sibullainein* », in M. BOUQUET et F. MORZADEC (sous la dir.), *Sibylle. Parole et représentation*, Actes du colloques international, CELAM-Université Rennes 2, Presses Universitaires de Rennes, 2004, p.99-108.

1. La Sibylle aurait inventé la sambuque (Souda *s.v. Sibulla* : *sambukê prôtên phêsi khrêsasthai Sibullan Skamôn ho proeirhêmenos*), petit instrument d'origine asiatique à cordes courtes, connu pour ses sons aigus et efféminés (ARISTID. QUINT. *De muets.* 2.16, p. 85, 10, W-I.).

demande au dieu dans les *oracles Sibyllins*, ce n'est pas la douceur de la séduction dangereuse des Sirènes qui est en jeu, mais la liaison profonde entre prophétie et parole poétique.

La voix des prophétesses, étrangère à la violence intrinsèque à toute phonation mortelle – des voix qui frappent, éclatent, projettent avec violence un souffle, un mot, comme toute voix humaine –, met en jeu la pure vocalité, les bruissements de la langue. C'est une voix qui résonne, qui vibre comme toute voix provenant des dieux et des démons, et que seuls les dieux peuvent comprendre.

Mettant en jeu les fondements mêmes de la matière sonore, les formes d'expérimentation des limites du langage, la prophétie vocale nous interroge sur la nature et sur les différentes modalités de la communication avec le divin.

ENTHOUSIASMOS

Si la voix n'appartient pas au dieu Apollon :

> « Ce n'est pas au dieu qu'appartiennent la voix, les sons, les expressions et les vers, c'est à la femme qu'il inspire... »
> (*Sur les oracles de la Pythie* § 6, *Mor.* 397C),

ces phonations oraculaires traduisent une connaissance surhumaine. Car la Sibylle et la prophétesse de Delphes ainsi que les prêtresses de Dodone[1] sont en

---

1. D'après E. R. DODDS, « Supernormal Phenomena in Classical Antiquity », *Proceedings of the Society for Psychical Research*, 55 (1971), p. 189-237 (repris dans *Supernormal Phenomena in Classical Antiquity. The Ancient Concept of Progress*, Oxford, Oxford University

effet les représentantes de la mantique inspirée (Platon *Phèdre*. 244a-b); celle-ci suppose que le prophète ou plutôt la prophétesse soit *entheoi*, c'est-à-dire dans un état d'*enthousiasmos* (comme le sont le poète ou les Muses)[1].

Ainsi émerge le noyau central, le thème le plus complexe de l'œuvre, à savoir le point d'arrivée de la réflexion de Plutarque sur la théorie de l'inspiration prophétique. Cette théorie met en jeu cet *enthousiasmos* que les modernes ont choisi d'interpréter tantôt comme un état d'égarement et de perte du contrôle de soi, suivi par la profération d'un langage inarticulé[2], tantôt comme un phénomène complexe et varié caractérisé suivant les cas comme extase, transe ou possession[3].

Ne pouvant pas aborder ici ce phénomène dans toute sa complexité, il nous semble intéressant de souligner comment les sources anciennes semblent attester la présence simultanée de plusieurs phénomènes

---

Press, 1973), on peut trouver la confirmation du fait qu'il s'agit bien d'*enthousiasmos* aussi à Dodone dans Sophocle fr. 456 Radt. où les prêtresses sont appellées *thespiodoi*.

1. Cette mantique inspirée, intuitive ou naturelle – *atechnos mantikê* (Platon *Timée* 71-72b ; Plutarque *De Geni*, § 24, *Mor.* 593C-D) – s'oppose, dans la tradition antique, à la divination inductive ou artificielle – *mantikê technikê*. Cette dernière concerne l'étude des phénomènes, l'observation des signes qui s'expriment à travers une série de techniques comme l'oionistique ou bien la lecture des viscères. Voir le célèbre passage de CICÉRON, *Sur la divination*, 1, 129, et le commentaire de G. Freyburger et J. Scheid dans l'édition des Belles Lettres, Paris, 1992.

2. À partir notamment de E. RODHE, *Psyché. Le culte de l'âme chez les Grecs et leur croyance à l'immortalité*, Paris, Payot, 1928.

3. Voir par exemple le modèle de classification proposée par G. ROUGET, *La Musique et la transe*, Paris, Gallimard, 1990². Sur la manie et la transe chez les Grecs, voir notamment p. 341-408.

ou tout simplement de divers aspects relevant de l'*enthousiasmos* [1].

Déjà Cicéron, quand il traite de possession dans le cas de Cassandre, explique que la connaissance surhumaine qui caractérise l'*enthousiasmos* a diverses origines : « *a deo, a fato, a natura* » (*De Div.* I, 125). *Entheoi*, suppose soit l'intervention divine (et dans ce cas fait référence à celui qui est possédé par le dieu [2], soit une nature divine, une *theia phusis,* qui d'après Aristote caractérise certains êtres humains extraordinaires comme la Sibylle :

> « Mais beaucoup, pour la raison que la chaleur se trouve proche du lieu de la pensée, sont saisis des "maladies" de la folie *(manikoi)* ou de l'*enthousiamos (enthousiastikoi).* Ce qui explique les Sibylles, les Bacheis et tous ceux qui sont inspirés, quand ils le deviennent non par "maladie", mais par le mélange de leur nature [3]. »

Plutarque, lui, n'a aucun doute sur l'inspiration divine. Surtout en ce qui concerne la divination enthousiaste, bien supérieure aux divinations inductives, en particulier à Delphes. Jamais il ne discute de la véracité de l'oracle ou de l'authenticité de l'*enthousiasmos*

---

1. E. R DODDS, *Les Grecs et l'Irrationnel,* Paris, Aubier, 1965 (*The Greek and the Irrational,* Berkeley, University of California Press, 1951), p. 71-89, notamment p.77-78.

2. E. R. DODDS, *Les Grecs...*, *op. cit.,* p. 88 ; cf. aussi Ph. BORGEAUD, *Recherches sur le dieu Pan* (*Bibliotheca Helvetica Romana* XVII), Rome, Institut suisse de Rome, 1979, p. 158-163 ; I. Chirassi Colombo, « Le Dionysos oraculaire », *Kernos,* 4 (1991), p. 205-217, en particulier p. 210-211, etc.

3. ARISTOTE, *Problèmes* XXX, 954a, 34-38, trad. J. PIGEAUD, *Aristote, L'Homme de génie et la Mélancolie,* Paris, Rivages, 1988, p. 97. Sur l'*enthousiasmos* chez Aristote, cf. *Politique.* 1340a 10-1342a 4.

pythique [1]. Les étapes intermédiaires ayant été laissées de côté, par exemple tous les perfectionnements et toutes les complications qu'il puise notamment dans la démonologie [2], Plutarque explique l'inspiration prophétique dans les *Oracles de la Pythie* sans avoir recours aux démons ni à l'exhalaison du sol [3].

L'objectif de cette dernière œuvre de Plutarque est de préciser le rôle respectif de deux personnages : la Pythie et le dieu Apollon. La Pythie constitue sans aucun doute l'exemple même d'une intervention divine dans le corps de l'être humain [4], le dieu donnant l'impulsion du mouvement que chacune des prophétesses a reçue suivant sa nature :

« Pour lui, il se contente de provoquer les visions de cette femme et de produire dans son âme la lumière qui lui

---

1. Y.VERNIÈRE, « La théorie de l'inspiration prophétique dans les *Dialogues Pythiques* de Plutarque », *Oracles et mantique en Grèce ancienne*, *Kernos* 3 (1990), p. 359.

2. Voir, par exemple, *Sur la disparition des oracles*, § 51, *Mor*.438C. Sur la présence dans la réflexion philosophique et théologique à l'époque hellénistique de formes de possession par un mauvais esprit, provoquant une fausse prophétie, voir récemment C. GROTTANELLI, « Posseded Transsexuals in Antiquity : A Double Transformation », in D. SHULMAN et G. STROUMSA (sous la dir.), *Self and Self-Transformation in the History of Religions*, Oxford-New York, Oxford University Press, 2002, p. 91-105, notamment p. 101-104. Cf. E. R. DODDS, *Les Grecs et...*, p. 92-93.

3. G. SOURY, « Plutarque, prêtre de Delphes. L'inspiration prophétique », *Revue des Études Grecques* 55(1942), p 50-69 et notamment la réponse de R. FLACELIÈRE, « Plutarque et la Pythie », *Revue des Études Grecques* 56 (1943), p.72-111. Cf. aussi P. VEYNE, « Prodiges, divination et peur des dieux chez Plutarque », *Revue d'Histoire des Religions* 216 (1999), p. 387-442.

4. *Entheoi*, d'après le sens que lui a attribué E. R. DODDS, *op. cit.*, p. 93, note 41 : « signifie toujours que le corps a un dieu en lui ».

éclaire l'avenir : c'est en cela que consiste l'enthousiasme »
(*Sur les oracles de la Pythie*, § 6, *Mor.* 397 C).

Si, chez Plutarque, ne figure aucune analyse du
mécanisme physiologique de l'*enthousiasmos* comme
chez Aristote[1], le personnage de Théon n'en marque pas
moins très nettement la différence entre la maladie et
une altération de l'état, comme l'ivresse des buveurs qui
dénature les individus, et l'enthousiasme prophétique qui
a une place de choix auprès des amoureux et des poètes
(*Sur les oracles de la Pythie*, § 23, *Mor.* 406 B)[2].

Cette position de Plutarque, qui implique entre autres
la reconnaissance de l'efficacité du rituel préparatoire et
qui se conjugue à un effort de propagande sacerdotale
liant l'inspiration prophétique spirituelle à un espace
sacré strictement localisé, nous renvoie à une lecture
anthropologique récente du rôle de la Pythie à Delphes.
D'après cette analyse, toute la panoplie des éléments, qui,
dans la réalité cultuelle, contribuent à créer cette image
de possession, ne correspondrait en réalité qu'à un code
rituel précis qui règle le geste, la voix et les vêtements
selon une technique acquise[3].

Quoi qu'il en soit, dans l'image proposée par
Plutarque, la Pythie, possédée par le dieu qui l'inspire
et dont elle n'est que l' *organon*, sensible à Apollon
comme la lune au soleil qui reflète sans obstacles l'éclat

---

1. Sur le statut de la manie, entre phénomène pathologique et
inspiration divine, dans la tradition antique et notamment sur la
réception par les médecins de cette distinction, voir notamment
J. PIGEAUD, *Folie et cure de la folie chez les médecins de l'Antiquité
gréco-romaine. La manie*, Paris, Les Belles Lettres, 1987.

2. PLATON, *Timée*, 71a.

3. L. MAURIZIO, « Anthropology and Spirit Possession : A
Reconsideration of the Pythia's Role at Delphi », *Journal of Hellenic
Studies*, 115 (1995), p. 69-86.

de la vérité (cf. *Sur les oracles de la Pythie*, § 21, *Mor.* 404C-D), est l'instrument à mille cordes musiqué [1] – pour reprendre l'expression de G. Rouget [2] – par le dieu. Ou bien elle ne serait qu'un masque comme celui par lequel s'exprime un auteur de théâtre.

Ce n'est pas un hasard si Plutarque évoque le masque à propos de l'inspiration divine de la porte-parole du dieu Apollon : la voix sans dissonances de Delphes ne semble pouvoir s'exprimer que par ce « discours automatique [3] » le plus souvent attribué par les modernes aux phénomènes de possession. Sous la plume de Paul Valéry, la Pythie ne sera qu'un masque sans regard qui se demande : « Qui me parle à ma place même ? » (*Charmes* XII) [4].

EN GUISE DE CONCLUSION

Figure emblématique de l'hellénisme, Plutarque, l'un de plus importants polygraphes de l'Antiquité, bien que traduit déjà depuis le VIᵉ siècle, n'est mentionné que par les générations postérieures. C'est seulement après les éditions vénitiennes de 1509 (*Œuvres morales*) et 1519 (*Vies parallèles*) et les traductions latines et gréco-latines,

---

1. Ainsi que les ventriloques qui ne sont que les instruments de musique de démons qui utilisent leur voix pour prophétiser (PLUTARQUE, *Sur la disparition des oracles*, § 15, *Mor.* 418D).

2. G. ROUGET, *op. cit.*, p. 215.

3. Pour une analyse relative au monde ancien, voir notamment E. R. DODDS, « Supernormal Phenomena... », art. cité, p. 189-237.

4. Sur le débat autour de la mantique chez Plutarque, voir I. CHIRASSI COLOMBO, « I problemi dell'*atechnos mantikê* in Plutarco », in I. GALLO (sous la dir.), *Plutarco e la religione*, Actes du VIᵉ colloque de Ravello, 29-31 mai 1995, Naples, D'Auria, 1996, p. 429-447.

puis dans toutes les langues européennes que son œuvre se propage réellement[1].

Après la traduction de J. Amyot, il devient un compagnon fidèle de l'Europe pendant plus de trois siècles. Montaigne comme Shakespeare, Corneille, Racine, Schiller, l'admirent et utilisent ses sujets de drame. Napoléon fait de ses œuvres ses livres de chevet. Comme Plutarque dispense à la fois une connaissance encyclopédique de l'Antiquité et une sorte d'éthique, héritière d'un humanisme accepté aussi par l'Église, les philosophes des Lumières voient en lui l'ennemi de la tyrannie, en lui reconnaissant son originalité dans les domaines de la morale, de la politique aussi bien que de la religion.

Étroitement liée à son histoire et à son époque ainsi qu'aux changements intellectuels de son siècle, l'œuvre de Plutarque porte la marque de tous les grands problèmes et des discussions qui, de Néron à Hadrien, ont agité l'Empire dans sa transformation culturelle aussi bien que politique. À côté de ce panorama de la civilisation antique, il nous transmet une philosophie vécue, une expérience personnelle et de culture[2]. Tournant son attention vers la démonologie et les grandes questions de la religion, tout en proposant une réflexion sur ce qu'est dorénavant le rôle de Delphes, il définit, dans les *oracles de la Pythie,* la nature de la mantique. Il a enfin découvert de quelle manière la divinité sous ses différentes formes apparaît aux hommes.

À la charnière de deux époques, entre polythéisme et monothéisme, les *oracles de la Pythie* sont bien plus qu'un instrument précieux pour comprendre ce

---

1. J. SIRINELLI, *Plutarque*, Paris, Fayard, 2000 (avant-propos).
2. J. SIRINELLI, *op. cit.*, p. 452-453.

mécanisme extraordinaire de la mantique inspirée qui apparaît dans la Grèce Antique. Le lecteur d'aujourd'hui ne peut qu'être frappé par la force d'une série de questionnements qui demeurent fondamentaux : le rapport avec le divin, le thème de la possession, le rôle du médiateur humain dans la transmission du message divin.

À travers un parcours inextricable entre des perspectives philosophiques, parfois contradictoires, et permettant en cela l'ouverture de voies nouvelles qui s'harmonisent, bifurquent et se recoupent, comme dans le *Le jardin aux sentiers qui bifurquent* de Borges [1], dans cette œuvre entre philosophie et théologie, Plutarque, à aucun moment dogmatique, crée différents horizons, différents temps qui à leur tour prolifèrent et bifurquent ouvrant aux diverses perspectives de la philosophie. Il amène ainsi le lecteur à s'interroger sur la fin d'une époque, sur le passage entre deux mondes, entre deux cultures.

Partant de sources pythagoriciennes et platoniciennes, les *oracles de la Pythie* ouvrent sur une exploration du divin, dans cette union entre connaissance et recherche qui constitue l'exigence fondamentale de toute l'œuvre de Plutarque, et que lui-même définit comme les dons : *apo logou kai sophias.*

---

1. J. L. BORGES, *Il giardino dei sentieri che si biforcano* in *Finzioni* (trad. Lucentini), Turin, Einaudi, 1955, notamment p. 79-92.

SUR LES ORACLES
DE LA PYTHIE

ΠΕΡΙ ΤΟΥ ΜΗ ΧΡΑΝ ΕΜΜΕΤΡΑ
ΝΥΝ ΤΗΝ ΠΥΘΙΑΝ

1 ΒΑΣΙΛΟΚΛΗΣ. Ἑσπέραν ἐποιήσατε βαθεῖαν, ὦ Φιλῖνε, διὰ τῶν ἀναθημάτων παραπέμποντες τὸν ξένον· ἐγὼ γὰρ ὑμᾶς ἀναμένων ἀπηγόρευσα.

ΦΙΛΙΝΟΣ. Βραδέως γὰρ ὡδεύομεν, ὦ Βασιλόκλεις, σπείροντες λόγους καὶ θερίζοντες εὐθὺς μετὰ μάχης ὑπούλους καὶ πολεμικούς, ὥσπερ οἱ Σπαρτοί, βλαστάνοντας ἡμῖν καὶ ὑποφυομένους κατὰ τὴν ὁδόν.

ΒΑ. Ἕτερον οὖν τινα δεήσει παρακαλεῖν τῶν παραγεγονότων, ἢ σὺ βούλει χαριζόμενος ἡμῖν διελθεῖν τίνες ἦσαν οἱ λόγοι καὶ τίνες οἱ λέγοντες ;

ΦΙ. Ἐμόν, ὡς ἔοικεν, ὦ Βασιλόκλεις, τὸ ἔργον· τῶν γὰρ ἄλλων οὐδενὶ ῥᾳδίως ἂν ἐντύχοις κατὰ πόλιν· τοὺς γὰρ πλείστους ἑώρων αὖθις εἰς τὸ Κωρύκιον τῷ ξένῳ καὶ τὴν Λυκώρειαν συναναβαίνοντας.

1. Cinq sont les interlocuteurs du dialogue : Philinos, pythagoricien et végétarien, peut-être un personnage important de Thespies, qui avait accompagné Plutarque dans ses voyages à Rome comme en Égypte et qui joue ici le narrateur ; Diogénianos de Pergame, le protagoniste du dialogue, la visite est faite en son honneur ; Théon, difficile à identifier, il joue le rôle du maître, un ami de Plutarque, voire parfois Plutarque même ; Sarapion, poète stoïcien athénien ; Boéthos, géomètre épicurien joue le rôle de l'incrédule sceptique, détracteur de la mantique. Voir « Notice », dans Plutarque, *Sur les oracles de la*

Pourquoi la Pythie ne rend plus
ses oracles en vers

1. BASILOCLÈS. Vous avez prolongé la soirée en promenant l'étranger à travers les monuments du sanctuaire, si bien que, moi, j'ai renoncé à vous attendre.

PHILINOS. C'est que nous cheminions lentement, Basiloclès, en semant et en moissonnant aussitôt, dans l'ardeur de la polémique[1], des propos gros de controverses, qui, tels les « Spartes », naissaient et croissaient sous nos pas[2].

BA. Eh bien ! devrai-je m'adresser à un autre des interlocuteurs, ou voudras-tu toi-même me faire le plaisir de nous rapporter cette conversation et de nous dire quels sont ceux qui y prirent part ?

PHI. C'est à moi que cela revient, à ce qu'il paraît, Basiloclès, car tu aurais de la peine à rencontrer dans la ville un seul de mes compagnons : je les ai vus presque tous repartir pour monter avec l'étranger à l'antre Corycien et à Lycorée[3].

Pythie, R. Flacelière (éd.), Paris, Les Belles Lettres, CUF, 1974, p. 41 sq.

2. Cadmos, héros du cycle thébain reçut l'ordre de Delphes de tuer le dragon et de fonder une ville (Thèbes) sur le lieu du combat. Des dents du dragon semées naquirent des guerriers armés : les « Spartes », c'est-à-dire les « semés » (Pausanias IX, 10, 1).

3. L'antre de Corcyre est une grotte du mont Parnasse, à deux heures de marche de Delphes. Lycorée est une ville légendaire du même mont (Pausanias, X, 6, 2 ; X, 32, 7).

ΒΑ. Ἡ φιλοθεάμων τις ἡμῖν καὶ περιττῶς φιλήκοός ἐστιν ὁ ξένος ;

ΦΙ. Φιλόλογος δὲ καὶ φιλομαθής ἐστι μᾶλλον. Οὐ μὴν ταῦτα μάλιστα θαυμάζειν ἄξια, ἀλλὰ πραότης τε πολλὴν χάριν ἔχουσα, καὶ τὸ μάχιμον καὶ διαπορητικὸν ὑπὸ συνέσεως οὔτε δύσκολον ⟨ὂν⟩ οὔτ' ἀντίτυπον πρὸς 395 τὰς ἀποκρίσεις · ὥστε καὶ βραχὺ συγγενόμενον εὐθὺς εἰπεῖν · « τέκος ἀγαθοῦ πατρός ». Οἶσθα γὰρ Διογενιανὸν ἀνδρῶν ἄριστον ;

ΒΑ. Αὐτὸς μὲν οὐκ εἶδον, ὦ Φιλῖνε, πολλοῖς δὲ ἐντετύχηκα καὶ τὸν λόγον καὶ τὸ ἦθος τοῦ ἀνδρὸς ἰσχυρῶς ἀποδεχομένοις, ὅμοια δὲ τούτοις ἕτερα περὶ τοῦ νεανίσκου λέγουσιν. Ἀλλὰ τίνα, ὦ ἑταῖρε, ἀρχὴν ἔσχον οἱ λόγοι καὶ πρόφασιν ;

2 ΦΙ. Ἐπέραινον οἱ περιηγηταὶ τὰ συντεταγμένα μηδὲν ἡμῶν φροντίσαντες δεηθέντων ἐπιτεμεῖν τὰς ῥήσεις καὶ τὰ πολλὰ τῶν ἐπιγραμμάτων. Τὸν δὲ ξένον ἡ μὲν ἰδέα καὶ τὸ τεχνικὸν τῶν ἀνδριάντων μετρίως προσήγετο, πολλῶν Β καὶ καλῶν ἔργων ὡς ἔοικε θεατὴν γεγενημένον · ἐθαύμαζε δὲ τοῦ χαλκοῦ τὸ ἀνθηρὸν ὡς οὐ πίνῳ προσεοικὸς οὐδ' ἰῷ, βαφῇ δὲ κυάνου στίλβοντος, ὥστε καὶ παῖξαί τι πρὸς τοὺς ναυάρχους (ἀπ' ἐκείνων γὰρ ἦρκται τῆς θέας) οἷον

---

4. Voir Platon, *République*, 475d.

5. Diogénianos de Pergame portait le même nom que son père (cf. Platon, *République*, 368a), d'où la citation de ce proverbe. D'après R. Flacelière, le dialogue est implicitement dédié à ce personnage pour sa grâce, sa finesse et son intelligence.

BA. Est-ce quelqu'un qui se plaît particulièrement à regarder et à écouter[4], cet étranger ?

PHI.Dis plutôt qu'il est passionné pour la science et l'étude. Et pourtant, plus encore que ces qualités, ce qu'il faut admirer surtout chez lui, c'est sa douceur pleine de bonne grâce, l'intelligence avec laquelle il combat ou met en doute une idée, sans manifester d'aigreur ni d'âpreté en face des ripostes. Bref, il n'est pas besoin de s'entretenir longtemps avec lui pour dire : « C'est là le fils d'un bon père[5]. » Car tu connais l'excellent Diogénianos ?

BA. Pas personnellement, Philinos, mais j'ai rencontré beaucoup de gens qui appréciaient vivement la conversation et le caractère de cet homme ; ils portaient d'ailleurs un jugement analogue sur son jeune fils. Quelle fut donc, mon ami, l'origine, ou le prétexte, de votre entretien ?

2. PHI. Les guides récitaient leur leçon de bout en bout, et nous avions beau les prier d'écourter leurs tirades et la plupart des inscriptions, ils n'en tenaient aucun compte. L'étranger n'était que médiocrement sollicité par la beauté et l'art des statues, en homme qui a déjà vu sans doute d'innombrables chefs-d'œuvre ; en revanche, il s'étonnait que la patine du bronze ne ressemblât pas à de la crasse ou à du vert-de-gris, mais à une teinture d'un bleu sombre et brillant, ce qui lui fournit même cette plaisanterie à propos des Navarques[6]

6. Il s'agit de 37 statues en bronze (dont 9 de divinités) constituant le groupe des Navarques (Pausanias, X, 9, 7-10), ex-voto dédié par Lysandre après la victoire d'Ægos-Potamoi (405 av. J.-C.). Cf. Plutarque, *Lysandre*, 18, 1.

ἀτεχνῶς θαλαττίους τῇ χρόᾳ καὶ βυθίους ἑστῶτας. « Ἆρα
οὖν » ἔφη « κρᾶσίς τις ἦν καὶ φάρμαξις τῶν πάλαι
τεχνιτῶν περὶ τὸν χαλκὸν ὥσπερ ἡ λεγομένη τῶν ξιφῶν
στόμωσις, ἧς ἐκλιπούσης ἐκεχειρίαν ἔσχεν ἔργων πολε-
μικῶν ὁ χαλκός ; Τὸν μὲν γὰρ Κορίνθιον οὐ τέχνῃ ⟨φασὶν⟩
ἀλλὰ συντυχίᾳ τῆς χρόας λαβεῖν τὸ κάλλος, ἐπινειμαμένου
πυρὸς οἰκίαν ἔχουσάν τι χρυσοῦ καὶ ἀργύρου, πλεῖστον C
δὲ χαλκὸν ἀποκείμενον · ὧν συγχυθέντων καὶ συντακέντων
ὄνομα τὸν χαλκὸν τῷ μείζονι ⟨εἶναι⟩ τὸ πλῆθος παρασχεῖν ». Ὁ δὲ Θέων ὑπολαβών · « ἄλλον » ἔφη « λόγον
ἡμεῖς ἀκηκόαμεν πανουργέστερον, ὡς ἀνὴρ ἐν Κορίνθῳ
χαλκοτύπος ἐπιτυχὼν θήκῃ χρυσίον ἐχούσῃ πολὺ καὶ
δεδοικὼς φανερὸς γενέσθαι κατὰ μικρὸν ἀποκόπτων καὶ
ὑπομιγνὺς ἀτρέμα τῷ χαλκῷ, θαυμαστὴν λαμβάνοντι
κρᾶσιν, ἐπίπρασκε πολλοῦ διὰ τὴν χρόαν καὶ τὸ κάλλος
ἀγαπώμενον. Ἀλλὰ καὶ ταῦτα κἀκεῖνα μῦθός ἐστιν · ἦν
δέ τις ὡς ἔοικε μῖξις καὶ ἄρτυσις, ὥς που καὶ νῦν ἀνακεραν-
νύντες ἀργύρῳ χρυσὸν ἰδίαν τινὰ καὶ περιττήν, ἐμοὶ δὲ
φαινομένην νοσώδη χλωρότητα καὶ φθορὰν ἀκαλλῆ, D
παρέχουσι. »

7. Passage bien connu en histoire de l'art à propos de la patine et
de la polychromie des statues en bronze. Il est question ici du « recuit »
qui suit la trempe du fer en lui donnant à la fois de la résistance et une
teinte bleuâtre. Voir J. Charbonneaux, *Les Bronzes grecs*, Paris, 1958,
p. 22, et notamment J. Jouanna, « Plutarque et la patine des statues à
Delphes », *Revue de philologie*, 49 (1975), p. 67-71, qui souligne la
portée générale du témoignage de Plutarque et son intérêt pour l'ar-
chéologie delphique.

8. Le bronze de Corinthe était très connu dans l'Antiquité
(Pausanias, 1, 3, 3) : un bronze d'exception qui avait une patine entre
le pourpre sombre et le noir bleuté dont la valeur, d'après Pline

(c'est par eux, en effet, que débute la visite) : « Comme, à la couleur de leur peau, ils ont l'air vraiment de se dresser au fond de la mer ! » « Les artistes d'autrefois, dit-il, connaissaient-ils donc pour le bronze une préparation ou un traitement – comparable à ce que l'on appelle la trempe des épées[7] – dont l'oubli valut à cet alliage, après les œuvres guerrières, une trêve pacifique ? On dit que le bronze de Corinthe[8] ne doit pas la beauté de sa coloration à l'invention des hommes, mais à une circonstance fortuite : un incendie aurait consumé une maison qui contenait un petit dépôt d'or et d'argent et une beaucoup plus grande quantité de cuivre ; ces métaux ayant fondu ensemble et s'étant mélangés, on aurait appelé cet alliage "chalcos[9]", du nom du métal qui s'y trouvait en plus grande quantité. » Théon prit alors la parole : « J'ai entendu rapporter, dit-il, une histoire plus ingénieuse : un fondeur de Corinthe aurait trouvé une cassette pleine d'or et, dans la crainte d'être découvert, il aurait découpé cet or en petits morceaux pour le mélanger peu à peu à son bronze ; il en résulta un alliage merveilleux, qu'il vendait fort cher parce que la couleur et la beauté en étaient recherchées. Mais cette anecdote, comme l'autre, n'est qu'une fable : il s'agit sans doute seulement d'un mélange et d'une préparation obtenus comme de nos jours, lorsqu'en alliant de l'or à l'argent on forme une composition spéciale et très prisée, bien que, pour ma part, je lui trouve une pâleur maladive et un teint défait, sans aucune beauté[10]. »

l'Ancien, était supérieure à celle de l'argent, voire de l'or (*Histoire Naturelle*, XXXIV, 3, 8).

9. En grec, le cuivre et le bronze portent le même nom : *chalcos*.

10. De l'alliage de l'or et de l'argent, on obtenait l'*electron*, très apprécié par les Anciens. Il a notamment été utilisé par les Grecs d'Asie pour fabriquer les premières pièces de monnaies, au VIIe av. J.-C. (Strabon, III, 2, 8). D'après Pline l'Ancien, cet alliage était constitué de cinq parties d'or et d'une d'argent.

3 « Τίν' οὖν αἰτίαν » ἔφη ὁ Διογενιανός « οἴει τῆς ἐνταῦθα τοῦ χαλκοῦ χρόας γεγονέναι ; » Καὶ ὁ Θέων · « ὅταν » ἔφη « τῶν πρώτων καὶ φυσικωτάτων καὶ λεγομένων καὶ ὄντων, πυρὸς καὶ γῆς καὶ ἀέρος καί ὕδατος, [καὶ] μηδὲν ἄλλο τῷ χαλκῷ πλησιάζῃ μηδ' ὁμιλῇ πλὴν μόνος ὁ ἀήρ, δῆλός ἐστιν ὑπὸ τούτου πεπονθὼς καὶ διὰ τοῦτον ἐσχηκὼς ἣν ἔχει διαφορὰν ἀεὶ συνόντα καὶ προσκείμενον · ἢ

« τουτὶ μὲν ⟨ᾖδον⟩ φήσεις) « πρὶν Θέογνιν γεγονέναι » κατὰ τὸν κωμικόν, ἣν δ' ἔχων φύσιν ὁ ἀὴρ ᾖ τε χρώμενος δυνάμει κατὰ τὰς ἐπιψαύσεις ἐπικέχρωκε τὸν χαλκὸν ἐπιθυμεῖς μαθεῖν ; » Φήσαντος δὲ τοῦ Διογενιανοῦ, « καὶ E γὰρ ἐγώ » εἶπεν « ὦ παῖ · ζητῶμεν οὖν κοινῇ, καὶ πρότερον, εἰ βούλει, δι' ἣν αἰτίαν μάλιστα τῶν ὑγρῶν ἀναπίμπλησιν ἰοῦ τοὔλαιον · οὐ γὰρ αὐτὸ γε δήπου τῷ χαλκῷ προστρίβεται τὸν ἰόν, ἅτε δὴ καθαρὸν αὐτῷ καὶ ἀμίαντον πλησιάζον. » « Οὐδαμῶς » εἶπεν ὁ νεανίας, « ἄλλο δ' αὐτῷ μοι δοκεῖ τούτου τὸ αἴτιον ὑπάρχειν · λεπτῷ γὰρ ὄντι καὶ καθαρῷ καὶ διαυγεῖ προσπίπτων ὁ ἰὸς ἐκφανέστατός ἐστιν, ἐν δὲ τοῖς ἄλλοις ὑγροῖς ἀφανίζεται. » Καὶ ὁ Θέων · « εὖγε » εἶπεν « ὦ παῖ, καὶ ⟨φρονίμως⟩ · σκόπει δ' εἰ βούλει καὶ τὴν ὑπ' Ἀριστοτέλους αἰτίαν λεγομένην. » F « Ἀλλὰ βούλομαι » εἶπε. « Φησὶ τοίνυν τῶν μὲν ἄλλων

3. « Quelle est donc selon toi, dit Diogénianos, la cause de cette coloration qu'a prise ici le bronze ? » « Il y a, répondit Théon, des éléments que l'on appelle et qui sont les premiers et les plus essentiels à la nature : le feu, la terre, l'air et l'eau ; lorsque, de tous ces éléments, il ne s'en trouve qu'un seul au voisinage et au contact du bronze, à savoir l'air, il est évident que c'est lui qui agit sur le métal et lui apporte le changement que nous voyons, parce que sans cesse il l'entoure et lui reste appliqué. Mais, diras-tu,

"Bien avant Théognis on chantait ce refrain[11]",

comme s'exprime le poète comique, et ce que tu désires apprendre, c'est en vertu de quelle propriété naturelle l'air colore le bronze dont il effleure la surface ? » Et Diogénianos lui ayant répondu affirmativement : « Moi aussi je le désire, mon jeune ami, reprit-il ; cherchons donc ensemble, et voyons tout d'abord, si tu le veux bien, pourquoi c'est l'huile qui, plus que les autres liquides, cause la souillure du vert-de-gris : elle ne peut certes pas la communiquer d'elle-même au bronze par contact, puisqu'elle est propre et pure lorsqu'on l'applique. » « Assurément, dit le jeune homme, et l'explication m'en paraît, à moi aussi, tout autre : c'est que l'huile, étant ténue, pure et transparente, fait apparaître le vert-de-gris très nettement, tandis que les autres liquides la dissimulent. » « Fort bien, mon ami, repartit Théon, voilà qui est sensé ; mais veux-tu examiner aussi l'explication que donne Aristote ? » « Je ne demande pas mieux », dit-il. « Eh bien, il prétend que c'est la ténuité

---

11. Vers d'un poète comique (fr. 461 Kock). Cf. Plutarque, *Le Philosophe doit surtout s'entretenir avec les grands*, 2, *Mor.*, 777C.

ὑγρῶν ⟨τὴν λε⟩πτότητα διαχεῖν ἀδήλως καὶ διασπείρεσθαι τὸν ἰόν, ἀνωμάλων ⟨τῶν μορίων⟩ καὶ μανῶν ὄντων · τοῦ δ' ἐλαίου τῇ πυκνότητι στέγεσθαι καὶ διαμένειν ἀθροιζόμενον. Ἄν οὖν καὶ αὐτοί τι τοιοῦτον ὑποθέσθαι δυνηθῶμεν, οὐ παντάπασιν ἀπορήσομεν ἐπῳδῆς καὶ παραμυθίας πρὸς τὴν ἀπορίαν ».

4 Ὡς οὖν ἐκελεύομεν καὶ συνεχωροῦμεν, ἔφη τὸν ἀέρα τὸν ἐν Δελφοῖς, πυκνὸν ὄντα καὶ συνεχῆ καὶ τόνον 396 ἔχοντα διὰ τὴν ἀπὸ τῶν ὀρῶν ἀνάκλασιν καὶ ἀντέρεισιν, ἔτι καὶ λεπτὸν εἶναι καὶ δηκτικόν, ὥς που μαρτυρεῖ καὶ τὰ περὶ τὰς πέψεις τῆς τροφῆς · ἐνδυόμενον οὖν ὑπὸ λεπτότητος καὶ τέμνοντα τὸν χαλκὸν ἀναχαράσσειν πολὺν ἰὸν ἐξ αὐτοῦ καὶ γεώδη, στέγειν δὲ τοῦτον αὖ πάλιν καὶ πιέζειν, τῆς πυκνότητος ⟨διάχυσιν⟩ μὴ διδούσης, τὸν δ' ὑφιστάμενον αὐτῷ διὰ πλῆθος ἐξανθεῖν καὶ λαμβάνειν αὐγὴν καὶ γάνωμα περὶ τὴν ἐπιφάνειαν. » Ἀποδεξαμένων δ' ἡμῶν, ὁ ξένος ἔφη τὴν ἑτέραν ἀρκεῖν ὑπόθεσιν πρὸς τὸν B λόγον. « Ἡ δὲ λεπτότης » ἔφη « δόξει μὲν ὑπεναντιοῦσθαι καὶ πρὸς τὴν λεγομένην πυκνότητα τοῦ ἀέρος, λαμβάνεται δ' οὐκ ἀναγκαίως · αὐτὸς γὰρ ὑφ' ἑαυτοῦ παλαιούμενος ὁ χαλκὸς ἀποπνεῖ καὶ μεθίησι τὸν ἰόν, ὃν ἡ πυκνότης συνέχουσα καὶ παχνοῦσα ποιεῖ ἐκφανῆ διὰ τὸ πλῆθος ». Ὑπολαβὼν δ' ὁ Θέων · « τί γάρ, » εἶπεν « ὦ ξένε, κωλύει ταὐτὸ εἶναι καὶ λεπτὸν καὶ πυκνόν, ὥσπερ τὰ σηρικὰ καὶ τὰ βύσσινα τῶν ὑφασμάτων, ἐφ' ὧν καὶ Ὅμηρος εἶπε

des autres liquides, composés de molécules inégales et
raréfiées, qui cause la dissolution insensible et la disper-
sion du vert-de-gris, tandis que l'huile, par sa consistance, la protège et la conserve amassée. Ainsi donc,
pour peu que nous puissions, nous aussi, formuler une
hypothèse analogue, il ne nous sera sûrement pas difficile de trouver un remède ou un palliatif à la difficulté en
question ! »

4. Comme nous l'exhortions à le faire avec notre
acquiescement, il continua : « L'air de Delphes[12] est
consistant et dense, d'une tension causée par l'obstacle
et la résistance que lui opposent les montagnes ; mais il
est en même temps ténu et mordant, comme en témoigne
sans doute la façon dont s'y opèrent les digestions. Sa
ténuité lui permet de pénétrer le bronze et de l'entamer
pour en faire sortir beaucoup de vert-de-gris, d'aspect
terreux ; mais sa consistance, à son tour, protège et
maintient ce vert-de-gris en l'empêchant de se disperser.
C'est alors que le dépôt ainsi formé produit par sa quantité une efflorescence et acquiert un éclat et un brillant
superficiel. » Nous approuvâmes cette explication, mais
l'étranger prétendit qu'il suffisait pour résoudre le
problème d'une seule des deux hypothèses émises : « La
ténuité de l'air, dit-il, paraîtra contradictoire avec la
consistance qui lui est reconnue, et il n'est pas nécessaire de l'admettre ; car le bronze peut, avec le temps,
dégager et produire de lui-même ce vert-de-gris, que la
consistance de l'air retient et épaissit en sorte que sa
quantité le rend visible. » Théon reprit alors la parole :
« Qu'est-ce qui empêche, dit-il, cher hôte, que la même
chose soit à la fois ténue et consistante ? Il en est ainsi
des étoffes de soie et de lin, dont Homère a dit :

---

12. Sur les propriétés de l'air de Delphes, cf. J. Pouilloux, « L'air
de Delphes et la patine du bronze », *Revue d'études anciennes*, 67
(1965), p. 54-66.

« καὶ⟨ροσέ⟩ων δ' ὀθονῶν ἀπολείβεται ὑγρὸν ἔλαιον »,
ἐνδεικνύμενος τὴν ἀκρίβειαν καὶ λεπτότητα τοῦ ὕφους
τῷ μὴ προσμένειν τὸ ἔλαιον, ἀλλ' ἀπορρεῖν καὶ ἀπο-   C
λισθάνειν, τῆς πυκνότητος οὐ διιείσης ; καὶ μὴν οὐ μόνον
πρὸς τὴν ἀναχάραξιν τοῦ ἰοῦ χρήσαιτ' ἂν ⟨τις⟩ τῇ
λεπτότητι τοῦ ἀέρος, ἀλλὰ καὶ τὴν χρόαν αὐτὴν ποιεῖν
ἔοικεν ἡδίονα καὶ γλαυκοτέραν ἀναμιγνύουσα τῷ κυάνῳ
φῶς καὶ αὐγήν ».

5 Ἐκ τούτου γενομένης σιωπῆς, πάλιν οἱ περιηγηταὶ
προεχειρίζοντο τὰς ῥήσεις. Χρησμοῦ δέ τινος ἐμμέτρου
λεχθέντος, οἶμαι, περὶ τῆς Αἴγωνος τοῦ Ἀργείου βασιλείας,
πολλάκις ἔφη θαυμάσαι τῶν ἐπῶν ὁ Διογενιανός, ἐν οἷς
οἱ χρησμοὶ λέγονται, τὴν φαυλότητα καὶ τὴν εὐτέλειαν.
« Καίτοι μουσηγέτης ὁ θεός, καὶ τῆς λεγομένης λογιό-
τητος οὐχ ἧττον αὐτῷ [τὸ] καλὸν ἢ τῆς περὶ μέλη καὶ   D
ᾠδὰς [καὶ] εὐφωνίας μετεῖναι, καὶ πολὺ τὸν Ἡσίοδον
εὐεπείᾳ καὶ τὸν Ὅμηρον ὑπερφθέγγεσθαι · τοὺς δὲ πολλοὺς
τῶν χρησμῶν ὁρῶμεν καὶ τοῖς μέτροις καὶ τοῖς ὀνόμασι
πλημμελείας καὶ φαυλότητος ἀναπεπλησμένους ». Παρὼν
οὖν Ἀθήνηθεν ὁ ποιητὴς Σαραπίων · « εἶτ' » ἔφη « ταῦτα

13. Homère, *Odyssée*, VII, 107.

14. Les visiteurs se trouvent ici face à l'hémicycle où les statues
des rois mythiques d'Argos étaient situées. L'oracle (= 483 Parke-
Wormell) auquel font allusion les guides est cité par Plutarque, *La
Fortune et la vertu d'Alexandre*, 340C.

15. Apollon musagète, « qui conduit les Muses », filles de Zeus et
de Mnémosyne (Hésiode, *Théogonie*, 52-55), cf. Plutarque, *Sur le E de*

"Des tissus en travail l'huile en gouttant s'écoule[13]",

montrant en même temps, d'une part, la finesse et la ténuité de l'étoffe, puisque l'huile, au lieu d'y demeurer, s'en échappe en glissant à sa surface, et, d'autre part, sa consistance, qui interdit à l'huile de passer au travers. D'ailleurs, non seulement la ténuité de l'air peut servir à expliquer la formation du vert-de-gris, mais encore c'est elle qui en rend la couleur, à ce qu'il semble, plus agréable et plus brillante, en rehaussant sa teinte bleue de l'éclat lumineux du jour. »

5. Là-dessus le silence se fit, et les guides reprirent le fil de leurs tirades. Comme ils citaient un oracle en vers, relatif, je crois, à la royauté d'Aigon l'Argien[14], Diogénianos dit qu'il s'était maintes fois étonné de la médiocrité et de la pauvreté des vers dans lesquels sont rendus les oracles. « Ce dieu est pourtant celui qui conduit les Muses[15], et il lui convient de posséder également ce qu'on nomme l'art de la rhétorique et l'harmonie musicale de la poésie, en surpassant de loin par la beauté de ses vers Hésiode et Homère ; et cependant nous voyons que la plupart des oracles, pour la métrique comme pour l'expression, sont pleins de négligence et de médiocrité[16]. » Il y avait là le poète Sarapion, venu d'Athènes : « Ainsi donc, dit-il, nous croyons que ces

Delphes 21, Mor. 394A. Chez Alcman (fr. 2 Denniston-Page = fr. 81 Calame), les Muses sont filles de la Terre.
    16. La réponse en vers (hexamètres) était probablement la forme la plus ancienne des oracles : la première prophétesse de Delphes était considérée comme l'inventeur du vers épique (Pausanias, X, 12, 10). Plutarque (voir *infra*, 17, 402D) affirme qu'à l'origine les oracles étaient chantés en vers. Sur cette relation fondamentale dans la culture grecque entre composition oraculaire et composition poétique, voir Introduction.

τὰ ἔπη τοῦ θεοῦ πιστεύοντες εἶναι, τολμῶμεν αὖ πάλιν
ὡς λείπεται κάλλει τῶν Ὁμήρου καὶ Ἡσιόδου λέγειν ;
Οὐ χρησόμεθα τούτοις ὡς ἄριστα καὶ κάλλιστα πεποιημέ-
νοις, ἐπανορθούμενοι τὴν αὐτῶν κρίσιν προκατειλημμένην
ὑπὸ φαύλης συνηθείας ; »

Ὑπολαβὼν οὖν Βόηθος ὁ γεωμέτρης (οἶσθα γὰρ τὸν
ἄνδρα μετατατόμενον ἤδη πρὸς τὸν Ἐπίκουρον) ·
« ἆρ' οὖν » ἔφη « τὸ τοῦ ζωγράφου Παύσωνος ἀκήκοας ; » E
« Οὐκ ἔγωγε » εἶπεν ὁ Σαραπίων. « Ἀλλὰ μὴν ἄξιον ·
ἐκλαβὼν γὰρ ὡς ἔοικεν ἵππον ἀλινδούμενον γράψαι
τρέχοντα ἔγραψεν, ἀγανακτοῦντος δὲ τοῦ ἀνθρώπου,
γελάσας ὁ Παύσων κατέστρεψε τὸν πίνακα · καὶ γενομένων
ἄνω τῶν κάτω, πάλιν ὁ ἵππος οὐ τρέχων ἀλλ' ἀλινδού-
μενος ἐφαίνετο. Τοῦτό φησιν ὁ Βίων ἐνίους τῶν λόγων
πάσχειν ὅταν ἀναστραφῶσι. Διὸ καὶ τοὺς χρησμοὺς
ἔνιοι φήσουσιν οὐ καλῶς ἔχειν, ὅτι τοῦ θεοῦ εἰσιν, ἀλλὰ
τοῦ θεοῦ μὴ εἶναι, ὅτι φαύλως ἔχουσιν. Ἐκεῖνο μὲν γὰρ F
ἐν ἀδήλῳ · τὸ δ' ⟨οὐ τοῦ θείου πρεπόντως ἐκ⟩πεπονῆσθαι
τὰ περὶ τοὺς χρησμοὺς καὶ σοὶ κριτῇ δήπουθεν, ὦ φίλε
Σαραπίων » εἶπεν « ἐναργές ἐστι · ποιήματα [μὲν] γὰρ
γράφεις τοῖς μὲν πράγμασι φιλοσόφως καὶ αὐστηρῶς,
δυνάμει δὲ καὶ χάριτι καὶ κατασκευῇ ⟨τῇ⟩ περὶ λέξιν
ἐοικότα τοῖς Ὁμήρου καὶ Ἡσιόδου μᾶλλον ἢ τοῖς ὑπὸ
τῆς Πυθίας ἐκφερομένοις. »

---

17. Pauson : peintre dont se moque Aristophane (*Acharniens*, 854,
Ploutos, 602). Le tableau dont parle Plutarque est la seule œuvre de
Pauson, considéré comme un représentant du style « riche ». La représentation des chevaux renversés était connue depuis l'époque
archaïque.

vers sont l'œuvre du dieu, et nous osons dire pourtant qu'ils sont inférieurs en beauté à ceux d'Homère et d'Hésiode ? Ne les prendrons-nous pas plutôt comme des modèles d'une perfection achevée, en rectifiant notre jugement faussé d'avance par des lectures médiocres ? »

Boéthos le géomètre prit alors la parole (tu connais le personnage, qui se range maintenant du côté d'Épicure) : « As-tu entendu parler, dit-il, de ce que fit le peintre Pauson[17] ? » « Non », répondit Sarapion. « Pourtant cela mérite d'être connu. Ayant reçu commande, à ce qu'il paraît, de peindre un cheval en train de se rouler par terre, il le représenta courant, et, comme l'acheteur s'indignait, Pauson se mit à rire et retourna le tableau ; ainsi, le bas devenant le haut, le cheval avait l'air, cette fois, non plus de courir, mais de se rouler. C'est là, d'après Bion[18], le sort de certains raisonnements, quand on les renverse. Ainsi quelques-uns, au lieu de prétendre que les oracles sont bien exprimés parce qu'ils ont le dieu pour auteur, diront au contraire qu'ils n'ont pas le dieu pour auteur, parce qu'ils sont mal exprimés. La première de ces affirmations, en effet, est incertaine ; mais, que les vers des oracles soient composés d'une manière indigne de la divinité, voilà qui est manifeste, dit-il, et sans doute, mon cher Sarapion, en juges-tu ainsi ; car tu écris des poèmes sur des sujets graves et philosophiques, qui, par la force, la grâce et le soin de l'expression, ressemblent plus aux œuvres d'Homère et d'Hésiode qu'aux oracles proférés par la Pythie. »

18. Bion le Borysthénite, philosophe du IIIe siècle av. J.-C. Auteur de diatribes portant notamment sur l'éthique, sa pensée avait une grande influence sur la philosophie de l'époque hellénistique et la satire romaine.

θ   Καὶ ὁ Σαραπίων · «νοσοῦμεν γάρ,» εἶπεν « ὦ Βόηθε, καὶ τὰ ὦτα καὶ τὰ ὄμματα, συνειθισμένοι διὰ τρυφὴν καὶ μαλακίαν τὰ ἡδίω καλὰ νομίζειν καὶ ἀποφαίνεσθαι. Τάχα δὴ μεμψόμεθα τὴν Πυθίαν, ὅτι Γλαύκης οὐ φθέγγεται τῆς κιθαρῳδοῦ λιγυρώτερον οὐδὲ χριομένη μύροις οὐδὲ 397 ἀλουργίδας ἀμπεχομένη κάτεισιν εἰς τὸ ⟨χρηστήριον⟩, οὐδὲ ἐπιθυμιᾷ κασσίαν ἢ λήδανον ἢ λιβανωτόν, ἀλλὰ δάφνην καὶ κρίθινον ἄλευρον. Οὐχ ὁρᾷς » εἶπεν « ὅσην χάριν ἔχει τὰ Σαπφικὰ μέλη κηλοῦντα καὶ καταθέλγοντα τοὺς ἀκροωμένους ; «Σίβυλλα δὲ μαινομένῳ στόματι», καθ᾽ Ἡράκλειτον, «ἀγέλαστα καὶ ἀκαλλώπιστα καὶ ἀμύριστα φθεγγομένη » χιλίων ἐτῶν ἐξικνεῖται τῇ φωνῇ διὰ τὸν θεόν. Ὁ δὲ Πίνδαρος ἀκοῦσαι φησὶ τοῦ θεοῦ τὸν Κάδμον « ⟨ἐπιδεικνυμέν⟩ου μουσικὰν ὀρθάν », οὐχ ἡδεῖαν οὐδὲ τρυφερὰν οὐδ᾽ ἐπικεκλασμένην τοῖς μέλεσιν. Ἡδονὴν Β γὰρ οὐ προσίεται τὸ ἀπαθὲς καὶ ἁγνόν, ἀλλ᾽ ἐνταῦθα μετὰ τῆς Ἄτης ἐρρίφη καὶ τὸ πλεῖστον αὐτῆς [καὶ] ὡς ἔοικεν εἰς τὰ ὦτα τῶν ἀνθρώπων συνερρύηκεν ».

19. La musicienne et poétesse Glaukè (285-246 av. J.-C.) vécut à Chios (Schol., Théocr., IV, 31).

20. Plutarque souligne ici le caractère sobre de l'attitude rituelle de la prêtresse d'Apollon : la Pythie allait d'abord se purifier à la source Castalie. Ensuite, avant de s'asseoir sur le trépied oraculaire, elle faisait des fumigations de feuilles ou de rameaux de laurier, l'arbre consacré à Apollon, et de farine d'orge. Nombreuses sont les interprétations des différentes phases du rituel (voir par exemple G. Roux, Delphes, son oracle et ses dieux, Paris, Les Belles Lettres, 1976, p. 69 ; P. Amandry, La Mantique apollinienne à Delphes, Paris, de Boccard, 1950, p. 127 sq.).

6. Sarapion reprit : « Non, Boéthos, nous sommes malades des oreilles et des yeux ; par suite du dérèglement et de la mollesse de notre goût, nous sommes habitués à trouver et à proclamer beau ce qui nous agrée davantage. Bientôt sans doute nous reprocherons à la Pythie de ne pas faire entendre des sons plus harmonieux que Glaukè[19], la chanteuse à la cithare, de descendre dans le lieu prophétique sans s'être parfumée, sans avoir revêtu des étoffes de pourpre, et de ne brûler, au lieu de cannelle, de ladanum et d'encens, que du laurier et de la farine d'orge[20]. Ne vois-tu pas, dit-il, quel charme possèdent les vers de Sapho pour enchanter de leurs sortilèges ceux qui les écoutent ? Mais la Sibylle[21], "c'est d'une bouche délirante, selon Héraclite, qu'elle s'exprime, sans sourire, sans ornement, sans fard", et sa voix parvient au-delà de mille années grâce au dieu[22]. Quant à Pindare, il dit que Cadmos entendit le dieu "exécuter une musique pure[23]", qui n'était ni flatteuse pour l'oreille ni molle et qui ignorait les rythmes brisés. Car ce qui est au-dessus des passions et des souillures ne se laisse pas toucher par Hédonè, mais celle-ci a été précipitée ici-bas avec Atè, et c'est surtout, à ce qu'il paraît, dans les oreilles des hommes qu'elle s'est déversée[24]. »

21. Sibylle traverse la tradition occidentale en tant que mythe de la voix prophétique. En Grèce, à l'instar des prêtresses de Dodone et de la prophétesse de Delphes, elle apparaît en tant que représentante de la mantique inspirée (Platon, *Phèdre*, 244a-b). Par une divination occasionnelle, indépendante, nomade, elle s'oppose au modèle institutionnel, permanent de la Pythie, prêtresse d'Apollon, figure historique installée dans le sanctuaire de Delphes (voir Introduction).

22. Héraclite fr. 92 Diels-Kranz. On attribue la deuxième partie de la phrase (« et sa voix parvient au-delà de mille années grâce au dieu ») à Plutarque.

23. Pindare fr. 32 Snell-Mahler (= 142 Parke-Wormell).

24. Voir Homère, *Iliade*, XIX, 30, où Zeus précipite Atè du ciel sur la terre parmi les hommes.

7 Εἰπόντος δὲ ταῦτα τοῦ Σαραπίωνος, ὁ Θέων μειδιάσας · « ὁ Σαραπίων μὲν » εἶπε « τὸ εἰωθὸς ἀποδέδωκε τῷ τρόπῳ, λόγου περὶ Ἄτης καὶ Ἡδονῆς παραπεσόντος ἀπολαύσας · ἡμεῖς δ’, ὦ Βόηθε, κἂν ᾖ ⟨μὴ⟩ φαυλότερα τῶν Ὁμήρου ταῦτα τὰ ἔπη, μὴ νομίζωμεν αὐτὰ πεποιηκέναι τὸν θεόν, ἀλλ’ ἐκείνου τὴν ἀρχὴν τῆς κινήσεως ἐνδιδόντος ὡς ἑκάστη πέφυκε κινεῖσθαι τῶν προφητίδων. Καὶ γὰρ εἰ C γράφειν ἔδει, μὴ λέγειν τοὺς χρησμούς, οὐκ ἄν, οἶμαι, τοῦ θεοῦ τὰ γράμματα νομίζοντες ἐψέγομεν ὅτι λείπεται καλλιγραφίᾳ τῶν βασιλικῶν. Οὐ γάρ ἐστι θεοῦ ἡ γῆρυς οὐδ’ ὁ φθόγγος οὐδ’ ἡ λέξις οὐδὲ τὸ μέτρον, ἀλλὰ τῆς γυναικός · ἐκεῖνος δὲ μόνας τὰς φαντασίας παρίστησι καὶ φῶς ἐν τῇ ψυχῇ ποιεῖ πρὸς τὸ μέλλον · ὁ γὰρ ἐνθουσιασμὸς τοιοῦτόν ἐστι. Καθόλου δ’ εἰπεῖν, ὑμᾶς τοὺς τοῦ Ἐπικούρου προφήτας (δῆλος γὰρ εἶ καὶ αὐτὸς ὑποφερόμενος) οὐκ ἔστι διαφυγεῖν, ἀλλὰ κἀκείνας D αἰτιᾶσθε τὰς πάλαι προφήτιδας ὡς φαύλοις ποιήμασι χρωμένας καὶ τὰς νῦν καταλογάδην καὶ διὰ τῶν ἐπιτυχόντων ὀνομάτων τοὺς χρησμοὺς λεγούσας, ὅπως ὑμῖν ἀκεφάλων καὶ λαγαρῶν μέτρων καὶ μειούρων εὐθύνας μὴ ὑπέχωσι ». Καὶ ὁ Διογενιανός · « μὴ παῖζε » εἶπεν « ὦ

25. Le dieu inspire la prophétesse qui peut exprimer la réponse oraculaire sous la forme articulée et versifiée de l'hexamètre *(lexis, metron)* ou de celle d'une voix *(gerus :* terme poétique dont la racine se retrouve en celtique, Chantraine, *DELG sv)*. De cette voix oraculaire, on souligne les aspects phonétiques et acoustiques : *phthoggos* désigne la voix de la Sibylle (Héraclite, 92D-K ; Herm. *ad* Platon, *Phèdre*, II, 22 ; Plutarque, *Thésée*, 24, 6) ; de la Pythie (Plutarque, *Sur les oracles de la Pythie*, 5, *Mor.*, 396F ; Diodore de Sicile, XVI, 271 ; Origène, *Contre Celse* 7, 3, etc.). Dans la littérature tardive, le sanctuaire oraculaire, qu'il s'agisse de celui d'Ammon, de Délos ou d'un autre, est de façon significative défini comme *phthegmatikos*, c'est-à-dire vocal (Maxime de Tyr, 41).

7. Ces paroles de Sarapion firent sourire Théon : « Sarapion, dit-il, a montré sa tournure d'esprit habituelle en profitant de l'occasion qui s'est offerte de disserter sur Atè et sur Hédonè; quant à nous, Boéthos, même si les vers de la Pythie ne sont pas moins bons que ceux d'Homère, ne croyons pas que c'est le dieu qui les a faits, mais qu'il a donné l'impulsion du mouvement, que chacune des prophétesses a reçue suivant sa nature. En effet, s'il eût fallu écrire les oracles, au lieu de les énoncer de vive voix, nous n'irions pas croire, je pense, que les lettres mêmes sont l'œuvre du dieu, ni lui reprocher qu'elles soient moins bien écrites que les édits des rois. Ce n'est pas au dieu qu'appartiennent la voix[25], les sons, les expressions et les vers, c'est à la femme qu'il inspire ; pour lui, il se contente de provoquer les visions de celle-ci et de produire en son âme la lumière qui lui éclaire l'avenir : c'est en cela que consiste l'"enthousiasme[26]". D'ailleurs, d'une manière générale, vous autres, "prophètes" d'Épicure (car il est évident que toi aussi tu te portes de ce côté), il est impossible que l'on vous échappe : les anciennes prophétesses, vous les accusez d'avoir fait de mauvais vers, et celles d'aujourd'hui, d'exprimer leurs oracles en prose, en se servant au hasard des mots qui se présentent, afin de ne pas avoir à vous rendre compte de leurs vers toujours fautifs au début, au milieu ou à la fin[27]. » Alors Diogénianos

26. Par *enthousiasmos*, on désigne un état d'inspiration qui suppose soit l'intervention divine (et dans ce cas, on fait référence à celui qui est possédé par le dieu), soit une nature divine (voir Cicéron, *De la divination*, I, 125 : « *a deo, a fato, a natura* »). Chez Platon, ce terme désigne l'inspiration mantique aussi bien que la possession amoureuse et l'inspiration du poète (*Ion*, 534A et *Phèdre*, 244A-E), alors qu'Aristote met en évidence la différence entre maladie et inspiration divine (*Problèmes*, XXX, 954a, 34-38). Voir Introduction.

27. Les anciens métriciens identifient six hexamètres imparfaits, trois par défaut et trois par excès. Voir Athénée, XIV, 632d. Sur ce sujet, voir par exemple W. J. W. Koster, *Traité de métrique grecque*, Leyde, 1966⁴, p. 76-78.

πρὸς θεῶν, ἀλλὰ διάλυσον ἡμῖν ταύτην τὴν ἀπορίαν κοινὴν οὖσαν. Οὐδεὶς γάρ ἐστιν ἡμῶν ὃς οὐκ αἰτίαν ἐπιζητεῖ καὶ λόγον πῶς πέπαυται τὸ μαντεῖον ἔπεσι καὶ ἐλεγείοις χρώμενον». Ὑπολαβὼν οὖν ὁ Θέων · «ἀλλὰ καὶ νῦν» εἶπεν «ὦ παῖ, δοκοῦμεν ἐπηρείᾳ τινὶ τοὺς περιηγητὰς ἀφαιρεῖσθαι τὸ οἰκεῖον ἔργον. Ἔασον οὖν γενέσθαι τὸ τούτων πρότερον, εἶτα περὶ ὧν βούλει καθ' ἡσυχίαν Ε διαπορήσεις».

8   Ἤδη δὲ προϊόντες ἦμεν κατὰ τὸν Ἱέρωνος ἀνδριάντα τοῦ τυράννου · καὶ τῶν μὲν ἄλλων ὁ ξένος εἰδὼς ἅπαντα παρεῖχεν ὅμως ὑπ' εὐκολίας ἀκροατὴν αὐτόν · ἀκούσας δὲ ὅτι κίων τις ἐστὼς ἄνω χαλκοῦς Ἱέρωνος ἔπεσεν αὐτομάτως τῆς ἡμέρας ἐκείνης ᾗ τὸν Ἱέρωνα συνέβαινεν ἐν Συρακούσαις τελευτᾶν, ἐθαύμασε. Κἀγὼ τῶν ὁμοίων ἅμα συνανεμίμνησκον, οἷα δὴ τοῦ Ἱέρωνος μὲν τοῦ Σπαρτιάτου, ὅτι πρὸ τῆς ἐν Λεύκτροις αὐτῷ γενομένης τελευτῆς ἐξέπεσον οἱ ὀφθαλμοὶ τοῦ ἀνδριάντος · οἱ δ' ἀστέρες F ἠφανίσθησαν οὓς Λύσανδρος ἀνέθηκεν ἀπὸ τῆς ἐν Αἰγὸς ποταμοῖς ναυμαχίας. Ὁ δ' αὐτοῦ ⟨τοῦ⟩ Λυσάνδρου λίθινος ἀνδριὰς ἐξήνθησεν ἀγρίαν λόχμην καὶ πόαν τοσαύτην τὸ πλῆθος ὥστε κατακρύψαι τὸ πρόσωπον. Ἐν δὲ τοῖς Σικελικοῖς τῶν Ἀθηναίων ἀτυχήμασιν αἵ τε χρυσαῖ τοῦ φοίνικος ἀπέρρεον βάλανοι, καὶ τὴν ἀσπίδα τοῦ

28. Statue de Hiéron, fils de Dinomène, tyran de Syracuse et de Gela, de 478 av. J.-C. à 466 av. J.-C. Vainqueur aux jeux Olympiques, il invita à sa cour Pindare, Simonide et Eschyle.

29. D'après R. Flacelière, il ne peut s'agir ni du même Hiéron, ni d'un « Hermès » de Hiéron.

30. Nom d'un chef mercenaire combattant à Leuctres (371 av. J.-C.) dans l'armée de Sparte (Xénophon, *Helléniques*, VI, 4, 9). Si l'on accepte la correction de Muhl, « Ermonos », il pourrait s'agir de

s'écria : « Au nom des dieux, ne plaisante pas, mais éclaircis-nous cette difficulté qui nous embarrasse tous. Car il n'est pas un de nous qui ne désire connaître la cause pour laquelle l'oracle a cessé de s'exprimer en vers épiques et élégiaques. » « Pour l'instant, mon ami, reprit Théon, on dirait que nous avons comploté d'empêcher les guides de s'acquitter de l'office qui est le leur. Laisse-les donc d'abord remplir leur rôle ; ensuite tu pourras à loisir agiter les questions que tu voudras. »

8. À ce moment, à force d'avancer, nous étions arrivés à la statue d'Hiéron le Tyran[28] ; l'étranger, quoiqu'il sût déjà tout ce que disaient les guides, les écoutait cependant par courtoisie, mais, quand il entendit raconter qu'une haute colonne de bronze dressée par Hiéron[29] était tombée d'elle-même au jour précis où Hiéron mourut à Syracuse, il manifesta sa surprise. Je me mis à rappeler toute une série de prodiges analogues. L'un concernait Hiéron le Spartiate[30] : avant sa mort, survenue à Leuctres, les yeux se détachèrent de sa statue. On vit aussi disparaître les étoiles que Lysandre avait consacrées après la bataille navale d'Aigos-Potamoi[31]. La statue en marbre du même Lysandre se couvrit d'herbe et de broussailles sauvages en telle quantité qu'elles cachaient complètement le visage[32]. Lors des désastres subis par les Athéniens en Sicile, le palmier qu'ils avaient consacré laissait tomber ses dattes

la statue de Hermon de Sparte, pilote du vaisseau amiral aux Arginuses (406 av. J.-C.) et à Aigos-Potamoi (405 av. J.-C.), qui avait sa statue dans le monument des Navarques (voir n. 6).

31. L'expédition athénienne en Sicile fut l'épisode central de la guerre du Péloponnèse entre Athènes et Sparte (431-404 av. J.-C.).

32. La statue en marbre de Lysandre se trouvait à l'entrée du Trésor des Acanthiens et de Brasidas, général de Sparte (455 av. J.-C.-395 av. J.-C.).

Παλλαδίου κόρακες περιέκοπτον. Ὁ δὲ Κνιδίων στέφανος,
ὃν Φαρσαλίᾳ τῇ ὀρχηστρίδι Φιλόμηλος ὁ Φωκέων τύραννος
ἐδωρήσατο, μεταστᾶσαν αὐτὴν ἐκ τῆς Ἑλλάδος εἰς τὴν
Ἰταλίαν, ἀπώλεσεν ἐν Μεταποντίῳ παίζουσαν περὶ τὸν
νεὼν τοῦ Ἀπόλλωνος· ὁρμήσαντες γὰρ ἐπὶ τὸν στέφανον   398
οἱ νεανίσκοι καὶ μαχόμενοι περὶ τοῦ χρυσίου πρὸς ἀλλή-
λους διέσπασαν τὴν ἄνθρωπον. Ἀριστοτέλης μὲν οὖν
μόνον Ὅμηρον ἔλεγε κινούμενα ποιεῖν ὀνόματα διὰ τὴν
ἐνέργειαν· ἐγὼ δὲ φαίην ἂν καὶ τῶν ἀναθημάτων τὰ
ἐνταυθοῖ μάλιστα συγκινεῖσθαι καὶ συνεπισημαίνειν τῇ
τοῦ θεοῦ προνοίᾳ, καὶ τούτων μέρος μηδὲν εἶναι κενὸν
μηδ᾽ ἀναίσθητον, ἀλλὰ πεπλῆσθαι πάντα θειότητος. Καὶ
ὁ Βόηθος· « ναὶ » εἶπεν· « οὐ γὰρ ἀρκεῖ τὸν θεὸν εἰς
σῶμα καθειργνύναι θνητὸν ἅπαξ ἑκάστου μηνός, ἀλλὰ
καὶ λίθῳ παντὶ καὶ χαλκῷ συμφυράσομεν αὐτόν, ὥσπερ
οὐκ ἔχοντες ἀξιόχρεων τῶν τοιούτων συμπτωμάτων τὴν   B
τύχην δημιουργὸν καὶ τὸ αὐτόματον ». « Εἶτ᾽ » ἔφην ἐγώ
« τύχῃ σοι δοκεῖ καὶ αὐτομάτῳ τῶν τοιούτων ἕκαστον
ἐοικέναι, καὶ πιθανόν ἐστι τὰς ἀτόμους ἐξολισθεῖν καὶ
διαλυθῆναι καὶ παρεγκλῖναι μήτε πρότερον μήθ᾽ ὕστερον,
ἀλλὰ κατ᾽ ἐκεῖνον τὸν χρόνον ἐν ᾧ τῶν ἀναθέντων ἕκαστος
ἢ χεῖρον ἔμελλε πράξειν ἢ βέλτιον ; Καὶ σὲ μὲν Ἐπίκουρος

33. Le Palladion, palmier de bronze surmonté par une grande
statue en or d'Athéna armée, que les Athéniens avaient offert à
Delphes après la victoire de Cimon à l'Eurymédon (468 av. J.-C.), à
l'époque de l'apogée culturel et politique d'Athènes. Cf. Plutarque,
Nicias, 13, 5, *Propos de table*, VII, 4, *Mor.*, 724A ; Pausanias, X, 15,
4-5.

34. Le tyran Philomélos était le commandant des Phocidiens qui
occupèrent et pillèrent le sanctuaire de la Pythie à Delphes (Deuxième
guerre sacrée, 356-346 av. J.-C.).

35. Aristote, *Rhétorique*, III, 11, 1411b ; fr. 130 Rose.

d'or, et des corbeaux venaient frapper de leur bec le bouclier de la statue de Pallas[33]. La couronne des Cnidiens, dont Philomélos, tyran des Phocidiens, avait fait don à la danseuse Pharsalia, causa la mort de celle-ci : elle était passée de Grèce en Italie et se trouvait à Métaponte, où elle dansait aux abords du temple d'Apollon ; les jeunes gens se précipitèrent sur sa couronne et, comme ils se battaient entre eux par convoitise de l'or, la danseuse fut déchirée dans leurs luttes[34]. Aussi, comme Aristote disait qu'Homère seul insufflait aux mots le mouvement de la vie par sa puissance créatrice[35], je prétendrais volontiers, pour ma part, que les offrandes de ce sanctuaire sont douées au plus haut point de la faculté de se mouvoir et de donner des signes en liaison avec la prescience du dieu ; aucune de leurs parties n'est vide ni insensible ; tout est plein de divinité. « Fort bien, dit Boéthos ; il ne vous suffit pas d'enfermer le dieu une fois par mois[36] dans un corps mortel, nous allons encore le mêler à tous les objets de marbre ou de bronze, comme si nous n'avions pas dans la Fortune et le Hasard des causes suffisantes de telles coïncidences ! » « Ainsi donc, lui dis-je, selon toi, chacun de ces prodiges[37] porte la marque de la Fortune et du Hasard ? Est-il vraisemblable que la déviation, la séparation et l'inclinaison des atomes ne se soient produites ni plus tôt, ni plus tard, mais au moment précis où allait arriver à chacun des dédicants un événement heureux ou malheureux ? Certes Épicure, à ce qu'il

36. À l'époque archaïque, la Pythie prophétisait une fois par an, le jour de la naissance du dieu Apollon, le 7 du mois *bisios* (cf. Plutarque, *Étiol. grecques*, 9, *Mor.*, 292 E). Plus tard, elle rendit ses oracles une fois par mois, à l'exception des mois d'hiver. Voir, par exemple, P. Amandry, *op.cit.*, p. 81.

37. Pour cette liste de prodiges, Plutarque a puisé chez Callisthène d'Olynthe, historien grec (370-327 av. J.-C.). Voir Cicéron, *De la divination*, I, 34.

ὠφελεῖ νῦν ὡς ἔοικεν ἀφ' ὧν εἶπεν ἢ ἔγραψε πρὸ ἐτῶν τριακοσίων · ὁ θεὸς δ', εἰ μὴ συνείρξειε φέρων ἑαυτὸν εἰς ἅπαντα μηδὲ ἀνακερασθείη πᾶσιν, οὐκ ἂν σοι δοκοίη κινήσεως ἀρχὴν καὶ πάθους αἰτίαν παρασχεῖν οὐδενὶ C τῶν ὄντων ; »

9 Τοιαῦτα μὲν ἐγὼ πρὸς τὸν Βόηθον ἀπεκρινάμην, ὅμοια δὲ περὶ τῶν Σιβυλλείων. Ἐπειδὴ γὰρ ἔστημεν κατὰ τὴν πέτραν γενόμενοι τὴν κατὰ τὸ βουλευτήριον, ἐφ' ἧς λέγεται καθίζεσθαι τὴν πρώτην Σίβυλλαν ἐκ τοῦ Ἑλικῶνος παραγενομένην ὑπὸ τῶν Μουσῶν τραφεῖσαν (ἔνιοι δέ φασιν ἐκ Μαλιέων ἀφικέσθαι Λαμίας οὖσαν θυγατέρα τῆς Ποσειδῶνος), ὁ μὲν Σαραπίων ἐμνήσθη τῶν ἐπῶν ἐν οἷς ὕμνησεν ἑαυτὴν ὡς οὐδ' ἀποθανοῦσα λήξει μαντικῆς · ἀλλ' αὐτὴ μὲν ἐν τῇ σελήνῃ περίεισι τὸ καλούμενον φαινόμενον γενομένη πρόσωπον, τῷ δ' ἀέρι τὸ πνεῦμα D συγκραθὲν ἐν φήμαις ἀεὶ φορήσεται καὶ κληδόσιν · ἐκ

---

38. Épicure vécut entre 342 et 270 av. J.-C.

39. Corpus de textes (IIᵉ siècle av. J.-C.-IIIᵉ de notre ère) qui, par leur forme et leur contenu, se rapprochent plutôt de la prophétie apocalyptique juive et chrétienne, les *Oracles sibyllins* se présentent comme une tentative d'introduction de la vision apocalyptique sous une forme littéraire païenne – la langue, la prosodie, la métrique appartenant à la culture grecque. Cf. A. Momigliano, « From the Pagan to the Christian Sibyl : Prophecy as a History of Religion », in A. C. Dionisotti *et al.* (éd.), *The Uses of Greek and Latin*, Londres, The Warburg Institute, 1988, p. 3-18 ; H. W. Parke, *Sibyls and Sibylline Prophecy in Classical Antiquity*, Londres-New York, B. C. McGing-Routledge, 1988, p. 20-25. Pour le texte et le commentaire des *Oracles sibyllins*, voir A. Kurfess, *Sibyllinische Weissagungen*, Munich, Heimeran, 1951.

40. Lieu où se réunissaient les conseillers *(bouleutes)* municipaux de la ville de Delphes (cf. Pausanias, X, 12, 1) ; il était situé à droite du portique, près du thesaurus des Athéniens, alors que le rocher de la Sibylle était au sud de la partie ouest du portique. En revanche, la statue de Phémonoé, la première *promantis* (Pausanias, X, 5, 7), était

paraît, t'apporte aujourd'hui son aide, par ses paroles et ses écrits vieux de trois cents ans[38] ; mais crois-tu que le dieu, à moins de s'enfermer lui-même de plein gré en toutes choses et de s'incorporer à toutes, ne saurait communiquer à aucun être l'impulsion du mouvement et le principe de la sensibilité ? »

9. Telle fut ma réponse à Boéthos ; les oracles de la Sibylle[39] provoquèrent des réflexions analogues. Nous nous étions arrêtés, en effet, près du rocher voisin du Bouleutérion[40], et c'est sur ce rocher, dit-on, que s'était assise la première Sibylle, venue de l'Hélicon où elle avait été nourrie par les Muses (certains la font sortir du pays des Maliens et lui donnent pour mère Lamia, fille de Poséidon[41]) ; Sarapion se mit alors à rappeler les vers dans lesquels elle a chanté son propre sort, en proclamant que, même morte, elle ne cesserait pas de prophétiser : son être passerait dans la lune et en suivrait les évolutions, en s'identifiant au prétendu visage que l'on y observe[42], son souffle, mêlé à l'air, et sans cesse errant dans le monde, produirait les voix et les présages[43], son

très probablement placée dans le vestibule du temple d'Apollon au IIIe siècle (cf. J. Bousquet, « Phémonoé, la première Pythie », *Bulletin de correspondance hellénique*, 115 (1991), p. 169-172).

41. En Grèce, la Sibylle apparaît pour la première fois au VIIIe av. J.-C., époque où, chez Eumélos, elle se présente en tant que fille de Lamia – fille de Poséidon – lors de la célébration de la fondation des jeux de Corinthe (voir aussi Eurip., *TGF*, 922 Nauck, et Pausanias, X, 12, 1).

42. Voir Plutarque, *Sur les délais de la justice divine*, 29, *Mor.*, 566D.

43. Les voix-présages qui surgissent du corps de la Sibylle évoquent ces voix d'origine diverses que Philochore (*Schol.*, Pindare, *Ol.*, XII, 10) définissait comme « prophéties par la rumeur » ou clédonomancie. Il s'agit de la divination par le *kledon* (« ce que l'on entend »), signe vocal inattendu : un bruit, un éternuement. Sur la clédonomancie, voir A. Bouché-Leclerq, *Histoire de la divination dans l'antiquité*, I-IV, Paris, Leroux, 1879-82 ; *cit.*, I, 120 sq.; IV, p. 77 sq.

δὲ τοῦ σώματος μεταβαλόντος ἐν τῇ γῇ πόας καὶ ὕλης ἀναφυομένης, βοσκήσεται ταύτην ἱερὰ θρέμματα, χρόας τε παντοδαπὰς ἴσχοντα καὶ μορφὰς καὶ ποιότητας ἐπὶ τῶν σπλάγχνων ἀφ' ὧν αἱ προδηλώσεις ἀνθρώποις τοῦ μέλλοντος. Ὁ δὲ Βόηθος ἔτι μᾶλλον ἦν φανερὸς καταγελῶν, τοῦ [δὲ] ξένου εἰπόντος ὡς, εἰ καὶ ταῦτα μύθοις ἔοικεν, ἀλλὰ ταῖς γε μαντείαις ἐπιμαρτυροῦσι πολλαὶ μὲν ἀναστάσεις καὶ μετοικισμοὶ πόλεων Ἑλληνίδων, πολλαὶ δὲ βαρβαρικῶν στρατιῶν ἐπιφάνειαι καὶ ἀναιρέσεις ἡγεμονιῶν · « ταυτὶ δὲ τὰ πρόσφατα καὶ νέα πάθη περί τε Κύμην E καὶ Δικαιάρχειαν οὐχ ὑμνούμενα πάλαι καὶ ᾀδόμενα διὰ τῶν Σιβυλλείων ὁ χρόνος ὥσπερ ὀφείλων ἀποδέδωκεν, ἐκρήξεις πυρὸς ὀρείου καὶ ζέσεις θαλασσίας, καὶ πετρῶν καὶ φλογμῶν ὑπὸ πνεύματος ἀναρρίψεις, καὶ φθορὰς πόλεων ἅμα τοσούτων καὶ τηλικούτων, ὡς μεθ' ἡμέραν ἐπελθοῦσιν ἄγνοιαν εἶναι καὶ ἀσάφειαν ὅπου κατῴκηντο τῆς χώρας συγκεχυμένης ; Ταῦτα γὰρ εἰ γέγονε πιστεῦσαι χαλεπόν ἐστι, μή τί γε προειπεῖν ἄνευ θειότητος. »

10   Καὶ ὁ Βόηθος · « Ποῖον γάρ » εἶπεν « ὦ δαιμόνιε, τῇ φύσει πάθος ὁ χρόνος οὐκ ὀφείλει ; τί δ' ἐστι τῶν F ἀτόπων καὶ ἀπροσδοκήτων περὶ γῆν ἢ θάλατταν ἢ πόλεις ἢ ἄνδρας, ὅ τις ἂν προειπὼν οὐ τύχοι γενομένου ; Καίτοι

44. Dans ce passage repris par Phlegon de Tralles (*FrGrHist*, 257, F 37 Jacoby), qui constituait probablement la conclusion d'une composition sibylline du IIIᵉ siècle av. J.-C. (cf. *Oracles Sibyllins*, VII, 151-162), on a parfois vu un projet taxinomique concernant les pratiques divinatoires. Situant l'origine de certaines pratiques (telles la clédonomancie et l'ornithomancie) dans le corps même de la Sibylle, ce passage permettrait d'identifier une subordination de ces pratiques à la prophétie inspirée de la Sibylle. Voir B. Lincoln, « La morte della

corps enfin, décomposé dans la terre, ferait pousser l'herbe et les plantes, nourriture des animaux sacrés, dont les entrailles, avec leurs couleurs, leurs formes et leurs qualités diverses, manifesteraient l'avenir aux hommes[44]. Boéthos se mit à rire plus ostensiblement encore qu'auparavant, tandis que l'étranger disait : « Si cela aussi ressemble à des fables, pourtant les prophéties du moins sont confirmées par la ruine et l'abandon de nombreuses cités grecques, par l'apparition de tant d'armées barbares, par la chute de tant d'empires. Ces désastres nouveaux et récents de Cumes et de Dicaiarchie, jadis prédits et chantés dans les vers Sibyllins, n'étaient-ils pas comme une dette que le temps a acquittée[45] ? Ce furent des éruptions de volcan, des flots en ébullition, des jets de roches et de flammes que le souffle lançait en l'air, enfin l'anéantissement de cités à la fois si grandes et si vieilles, dont il était impossible, dès le lendemain, en se rendant sur place, de reconnaître et d'identifier l'emplacement dans le pays bouleversé. Ces catastrophes, il est bien difficile d'admettre qu'elles aient eu lieu, mais surtout qu'on les ait annoncées sans une intervention divine. »

10. Boéthos répondit : « Mais, mon cher, quel est l'événement que le temps ne doive pas à la nature ? Parmi les prodiges extraordinaires qui ont eu lieu sur terre ou sur mer, concernant des États ou des particuliers, en est-il un seul que quelqu'un n'ait pu prédire en

Sibilla e le origini mitiche delle pratiche divinatorie », in I. Chirassi Colombo et T. Seppilli (dir.), *Sibille e Linguaggi oracolari* (Actes du colloque international de Macerata-Norcia, 1994), Pise-Rome, Istituti editoriali e poligrafici dello Stato, 1999, p. 209-223.

45. Cf. Plutarque, *Sur les délais de la justice divine, 29, Mor.*, 566E, où Thespesios entend la voix de la Sibylle émettant des prophéties à propos du mont Vésuve et de la destruction de Dicéarchée par le feu. L'allusion renvoie très probablement à l'éruption du Vésuve qui détruisit Pompéi, Herculanum et Stabies, en 79 apr. J.-C.

τοῦτό γε σχεδὸν οὐδὲ προειπεῖν ἔστιν ἀλλ' εἰπεῖν, μᾶλλον
δὲ ῥῖψαι καὶ διασπεῖραι λόγους οὐκ ἔχοντας ἀρχὴν εἰς
τὸ ἄπειρον · οἷς πλανωμένοις ἀπήντησε πολλάκις ἡ τύχη
καὶ συνέπεσεν αὐτομάτως. Διαφέρει γάρ, οἶμαι, γενέσθαι
τὸ ῥηθὲν ἢ ῥηθῆναι τὸ γενησόμενον. Ὁ γὰρ εἰπὼν τὰ μὴ
ὑπάρχοντα λόγος ἐν ἑαυτῷ τὸ ἡμαρτημένον ἔχων οὐ
δικαίως ἀναμένει τὴν ἐκ τοῦ αὐτομάτου πίστιν οὐδὲ 399
ἀληθεῖ τεκμηρίῳ χρῆται τοῦ προειπεῖν ἐπιστάμενος ⟨τῷ⟩
μετὰ τὸ εἰπεῖν γενομένῳ, πάντα τῆς ἀπειρίας φεροῦσης.
Μᾶλλον δ' ὁ μὲν « εἰκάζων καλῶς », ὃν « ἄριστον μάντιν »
ἀνηγόρευκεν ἡ παροιμία, ἰχνοσκοποῦντι καί στιβεύοντι
διὰ τῶν εὐλόγων τὸ μέλλον ὅμοιός ἐστι · Σίβυλλαι δ' αὗται
καὶ Βάκιδες ὥσπερ εἰς πόντον ἀτεκμάρτως τὸν χρόνον
κατέβαλον καὶ διέσπειραν ὡς ἔτυχε παντοδαπῶν ὀνόματα
καὶ ῥήματα παθῶν καὶ συμπτωμάτων · οἷς γιγνομένων
ἐνίων ἀπὸ τύχης, ὅμως ψεῦδός ἐστι τὸ νῦν λεγόμενον,
κἂν ὕστερον ἀληθές, εἰ τύχοι, γένηται. »

11 Τοιαῦτα τοῦ Βοήθου διελθόντος, ὁ Σαραπίων ·
« Δίκαιον » ἔφη « τὸ ἀξίωμα περὶ τῶν οὕτως, ⟨ὡς⟩ λέγει B

46. Définition du devin provenant d'un vers d'Euripide fr.973
Nauck 2. Cf. Plutarque, *Sur la disparition des oracles*, 40, *Mor.*, 432C.
Voir aussi Cicéron, *De la divination*, II, 5. Pour décrire le don prophétique de Cassandre, le Chœur de l'*Agamemnon* d'Eschyle (v. 1093-
1094), évoque cette même image du devin qui suit les traces du futur.
47. À l'origine, Bakis et Sibylle étaient probablement des noms
propres. Par ces termes, les Grecs faisaient allusion non pas à une seule

se trouvant dans le vrai ? Aussi bien, il ne s'agit pas même ici, en quelque sorte, de prédire, mais de dire, ou plutôt de jeter et de disperser des paroles sans fondement dans l'infini des possibles ; tandis qu'elles errent à l'aventure, souvent le hasard les rencontre et coïncide de lui-même avec elles. Car il est bien différent, à mon avis, de voir se produire ce qui a été dit ou de dire ce qui se produira. La prédiction, qui exprime ce qui n'est pas, avec l'erreur qui lui est inhérente, n'a pas le droit d'attendre sa preuve du hasard, et ce qui arrive après qu'elle a été rendue ne peut nullement démontrer d'une manière véritable qu'elle a été faite en connaissance de cause, puisque l'infinité des possibles produit toute sorte d'événements. Disons mieux : l'homme "habile aux conjectures", celui que la maxime proclame "excellent devin[46]", fait l'effet de quelqu'un qui, en se fondant sur les vraisemblances, recherche les traces de l'avenir et les suit à la piste ; mais ces Sibylles et ces Bakis[47], d'une manière tout arbitraire, ont jeté et disséminé au hasard dans le cours des âges, comme dans un océan, l'annonce et la prédiction de malheurs et d'événements de tout genre : s'il leur arrive qu'un certain nombre de ceux-ci se produisent par hasard, les prophéties, au moment où elles sont faites, n'en sont pas moins mensongères, même si, par la suite, des circonstances fortuites les rendent vraies. »

11. Quand Boéthos eut fini de parler, Sarapion lui répondit : « C'est là un jugement équitable en ce qui

personne, mais à une catégorie de prophètes inspirés, notamment à partir du passage d'Aristote (*Problèmes*, XXX, 954a 36) où le nom Sibylle apparaît au pluriel associé à celui de Bakis. Cf. Platon, *Théagès*, 124d. Sur Bakis, prophète légendaire inspiré par les nymphes, voir par exemple D. Asheir, « Erodoto e Bacide », in M. Sordi (éd.), *La profezia nel mondo antico*, Milan, Università cattolica, 1993, p. 63-76.

Βόηθος, ἀορίστως καὶ ἀνυποθέτως λεγομένων · ⟨οἷον⟩ εἰ νίκη στρατηγῷ προείρηται ⟨καὶ⟩ νενίκηκεν, εἰ πόλεως ἀναίρεσις ⟨καὶ⟩ ἀπόλωλεν. Ὅπου δ' οὐ μόνον λέγεται τὸ γενησόμενον, ἀλλὰ καὶ πῶς καὶ πότε καὶ μετὰ τί καὶ μετὰ τίνος, οὐκ ἔστιν εἰκασμὸς τῶν τάχα γενησομένων, ἀλλὰ τῶν πάντως ἐσομένων προδήλωσις · ⟨οἷα⟩ καὶ ταῦτ' ἔστιν εἰς τὴν Ἀγησιλάου χωλότητα ·

> « Φράζεο δή, Σπάρτη, καίπερ μεγάλαυχος ἐοῦσα,
> μὴ σέθεν ἀρτίποδος βλάστῃ χωλὴ βασιλεία ·
> δηρὸν γὰρ μόχθοι σε κατασχήσουσιν ἄελπτοι,
> φθισίβροτόν τ' ἐπὶ κῦμα κυλινδομένου πολέμοιο. »   C

καὶ τὰ περὶ τῆς νήσου πάλιν, ἣν ἀνῆκεν ἡ πρὸ Θήρας καὶ Θηρασίας θάλασσα [καὶ] περὶ τὸν Φιλίππου καὶ Ῥωμαίων πόλεμον ·

> « Ἀλλ' ὁπότε Τρώων γενεὰ καθύπερθε γένηται
> Φοινίκων ἐν ἀγῶνι, τότ' ἔσσεται ἔργα ἄπιστα ·
> πόντος μὲν λάμψει πῦρ ἄσπετον, ἐκ δὲ κεραυνῶν
> πρηστῆρες μὲν ἄνω διὰ κύματος ἀίξουσιν
> ἄμμιγα σὺν πέτραις, ἠδὲ στηρίξεται αὐτοῦ
> οὐ φατὸς ἀνθρώποις νῆσος · καὶ χείρονες ἄνδρες
> χερσὶ βιησάμενοι τὸν κρείσσονα νικήσουσι. »

Τὸ γὰρ ἐν ὀλίγῳ χρόνῳ Ῥωμαίους τε Καρχηδονίων περιγενέσθαι καταπολεμήσαντας Ἀννίβαν, καὶ Φίλιππον   D

concerne les prédictions faites, comme le dit Boéthos, de cette manière vague et sans aucun fondement sérieux : par exemple, lorsque la victoire est annoncée à un général et qu'il est victorieux, ou bien lorsque l'oracle prédit la ruine d'une ville et qu'elle est en effet détruite. Mais, quand la prophétie mentionne non seulement l'événement futur, mais encore la façon dont il se produira, la date à laquelle il aura lieu, les circonstances qui doivent le précéder et l'accompagner, ce n'est plus là conjecturer un avenir probable, c'est manifester par avance ce qui doit réellement arriver. Tel est justement le caractère de l'oracle relatif à la claudication d'Agésilas :

> "Prends bien garde, en dépit de ton orgueil, ô Sparte
> Ingambe, si de toi naît un règne boiteux :
> Longtemps t'accableraient de maux inattendus
> Les flots tempétueux des guerres meurtrières[48]."

Tel, aussi, l'oracle relatif à l'île qui sortit de la mer devant Théra et Thérasia vers l'époque de la guerre entre Philippe et les Romains :

> "Quand les armes des fils de Troie auront vaincu
> Les Phéniciens, alors paraîtront des prodiges
> La mer luira de feux indicibles ; la foudre
> Fera, dans l'ouragan déchaîné sur les flots,
> Jaillir des rocs épars, et soudain surgira,
> Inconnue aux mortels, une île, et le plus fort
> Sous les coups acharnés des faibles cédera[49]."

En effet, dans un court espace de temps, les Romains eurent raison des Carthaginois en battant Annibal,

---

48. Cet oracle (= 112 Parke-Wormell), invoqué par l'athénien Diopheithès en 399, à la mort du roi de Sparte Agis, fut utilisé par les partisans de Léotychidas contre Agésilas qui était boiteux. Cf. Plutarque, *Lysandre*, 22, 11 ; *Ages*, 3, 7 ; Pausanias, III, 8, 9 ; Xénophon, *Helléniques*, III, 3, 1-3.

49. Cf. 357 Parke-Wormell.

Αἰτωλοῖς συμβαλόντα καὶ Ῥωμαίοις μάχῃ κρατηθῆναι, καὶ τέλος ἐκ βυθοῦ νῆσον ἀναδῦναι μετὰ πυρὸς πολλοῦ καὶ κλύδωνος ἐπιζέσαντος, οὐκ ἂν εἴποι τις ὡς ἀπήντησεν ἅμα πάντα καὶ συνέπεσε κατὰ τύχην ⟨καὶ⟩ αὐτομάτως, ἀλλ᾽ ἡ τάξις ἐμφαίνει τὴν πρόγνωσιν · καὶ τὸ Ῥωμαίοις πρὸ ἐτῶν ὁμοῦ τι πεντακοσίων προειπεῖν τὸν χρόνον ἐν ᾧ πρὸς ἅπαντα τὰ ἔθνη πολεμήσοιεν ἅμα · τοῦτο δὲ ἦν τὸ πολεμῆσαι τοῖς οἰκέταις ἀποστᾶσιν. Ἐν τούτοις γὰρ οὐθὲν ἀτέκμαρτον οὐδὲ τυφλὸν ἀφίησι τῇ τύχῃ ζητεῖν ἐν ἀπειρίᾳ ὁ λόγος · ἀλλὰ πολλὰ τῆς πείρας ἐνέχυρα δίδωσι καὶ δείκνυσι τὴν ὁδὸν ᾗ βαδίζει τὸ πεπρωμένον. Οὐ γὰρ οἶμαί τιν᾽ ἐρεῖν ὅτι τὰ μέτρα ταῦθ᾽ ὡς προερρήθη συνέπεσε κατὰ τύχην · ἐπεὶ τί κωλύει λέγειν ἕτερον ὡς οὐκ ἔγραψε τὰς Κυρίας ὑμῖν Ἐπίκουρος, ὦ Βόηθε, Δόξας, ἀλλ᾽ ἀπὸ τύχης καὶ αὐτομάτως οὕτως πρὸς ἄλληλα τῶν γραμμάτων συνεμπεσόντων ἀπετελέσθη τὸ βιβλίον ; »

12 Ἅμα δὲ τούτων λεγομένων προῄειμεν. Ἐν δὲ τῷ Κορινθίων οἴκῳ τὸν φοίνικα θεωμένοις τὸν χαλκοῦν, ὅσπερ ἔτι λοιπός ἐστι τῶν ἀναθημάτων, οἱ περὶ τὴν ῥίζαν ἐντετορευμένοι βάτραχοι καὶ ὕδροι θαῦμα τῷ Διογενιανῷ

---

50. Les Romains vainquirent les Carthaginois à Zama en 202, et, en 197, ils vainquirent, avec l'aide des Étoliens, Philippe V de Macédoine. En 196, réapparut, près de Santorin (Théra), le cratère immergé qui devint ensuite l'île sainte nommée « Hiéra » (peut-être Palaia Kaimeni). Cf. Strabon, I, 3, 16.

51. Il s'agit de la révolte des esclaves guidée par Spartacus, en 73-71 av. J.-C.

Philippe, en guerre contre les Aitoliens et les Romains, fut vaincu, et enfin une île surgit du fond de la mer, parmi de grandes flammes, au milieu des flots bouillonnants[50] : l'on ne saurait attribuer la rencontre et la coïncidence de tous ces événements au jeu spontané du hasard ; la manière dont ils sont reliés rend manifeste la prescience de l'oracle. Et que dire aussi de la prophétie qui annonça aux Romains, près de cinq cents ans à l'avance, l'époque à laquelle ils auraient à combattre contre tous les peuples à la fois, à savoir lors de la guerre entreprise contre leurs esclaves révoltés[51] ? Dans les cas de ce genre, la prédiction ne permet pas au hasard de chercher rien d'indéterminé ou d'obscur dans l'infini des possibles ; elle donne de nombreux moyens de contrôle et montre le chemin par lequel s'avance le destin. On ne peut donc pas dire, à mon avis, que ces vers tels qu'ils ont été prononcés par l'oracle ne soient qu'une rencontre due au hasard ; car, qu'est-ce qui empêchera un autre de rétorquer, Boéthos, que les « Maximes souveraines[52] » ne sont pas l'œuvre de votre Épicure, mais un assemblage fortuit de lettres, ainsi groupées par le hasard de manière à former le livre en question ? »

12. Tout en parlant ainsi, nous avancions toujours. Arrivés au Trésor de Corinthe, nous regardions le palmier de bronze, la seule des offrandes qui y reste encore[53] : les grenouilles et les serpents d'eau qui sont ciselés à sa base suscitaient l'étonnement de Diogénianos et aussi, je l'avoue, le nôtre. En effet, l'on

----

52. Recueil de 40 écrits d'Épicure, *compendium* de ses connaissances de physique et d'astronomie et de sa pensée éthique ; voir Diogène Laërce, X, 139-154, et Lucien, *Alexandre*, 47.

53. Trésor de Corinthe et son palmier en bronze dédié par le tyran Cypsélos (Plutarque, *Sur les oracles de la Pythie*, 11, *Mor.*, 399E). Cf. Hérodote, I, 14, 1-5 ; Pausanias, X, 13,5.

παρεῖχον, ἀμέλει δὲ καὶ ἡμῖν. Οὔτε γὰρ φοίνιξ, ὡς ἕτερα
δένδρα, λιμναῖόν ἐστι καὶ φίλυδρον φυτόν, οὔτε Κορινθίοις
τι βάτραχοι προσήκουσιν, ὥστε σύμβολον ἢ παράσημον
εἶναι τῆς πόλεως, ὥσπερ ἀμέλει Σελινούντιοί ποτε χρυσοῦν
σέλινον ἀναθεῖναι λέγονται, καὶ Τενέδιοι τὸν πέλεκυν
ἀπὸ τῶν καρκίνων τῶν γιγνομένων περὶ τὸ καλούμενον
Ἀστέριον παρ' αὐτοῖς · μόνοι γὰρ ὡς ἔοικεν ἐν τῷ χελωνίῳ   400
τύπον πελέκεως ἔχουσι. Καὶ μὴν αὐτῷ γε τῷ θεῷ κόρακας
καὶ κύκνους καὶ λύκους καὶ ἱέρακας καὶ πάντα μᾶλλον
ἢ ταῦτα εἶναι προσφιλῆ τὰ θηρία νομίζομεν. Εἰπόντος
δὲ τοῦ Σαραπίωνος ὅτι τὴν ἐξ ὑγρῶν ᾐνίξατο τροφὴν τοῦ
ἡλίου καὶ γένεσιν καὶ ἀναθυμίασιν ὁ δημιουργός, εἶθ'
Ὁμήρου λέγοντος ἀκηκοώς ·

« ἥλιος δ' ἀνόρουσε λιπὼν περικαλλέα λίμνην »,

εἶτ' Αἰγυπτίους ἑωρακὼς ἀρχῆς ⟨σύμβολον καὶ⟩ ἀνατολῆς
παιδίον νεογνὸν γράφοντας ἐπὶ λωτῷ καθεζόμενον, γελάσας
ἐγώ · « ποῦ σὺ πάλιν » εἶπον « ὦ χρηστέ, τὴν Στοὰν δευρὶ   B
παρωθεῖς καὶ ὑποβάλλεις ἀτρέμα τῷ λόγῳ τὰς ἀνάψεις
καὶ ἀναθυμιάσεις, [οὐχ] ὥσπερ αἱ Θετταλαὶ κατάγων τὴν

---

54. Sélinonte était une ville grecque de Sicile dont l'emblème était
le persil, *selinon*, tandis que Ténédos, ville de Troade, avait pour
emblème la hache : voir Pausanias, X, 10, 1-4, au sujet du proverbe
« hache de Ténédos » désignant celui qui parle et agit d'une façon
brutale.

55. Tous ces animaux étaient associés aux cultes d'Apollon : le
corbeau et l'épervier étaient porteurs de signes prophétiques
(cf. Plutarque, *Sur les oracles de la Pythie* 22, *Mor.*, 405C) ; les cygnes
étaient présents lors de la naissance d'Apollon à Délos (Callimaque,

ne peut pas dire que le palmier soit, comme d'autres arbres, une plante de marais, qui aime l'eau, et l'on ne voit pas non plus que les grenouilles aient aucun rapport avec Corinthe ni qu'elles figurent à titre d'emblème dans les armes de la ville (comme c'est assurément le cas pour la feuille de persil en or jadis offerte, dit-on, par Sélinonte, et aussi pour la hache dédiée par Ténédos à cause des crabes que l'on trouve dans ce pays au lieu appelé Astérion et qui paraissent être les seuls à porter sur leur carapace l'empreinte d'une hache[54]). Enfin, si le dieu lui-même, croit-on, aime les corbeaux, les cygnes, les loups et les éperviers[55], on ne lui attribue aucune préférence spéciale pour les grenouilles. Sarapion donna alors son avis : l'artiste aurait voulu signifier par là que l'élément liquide fournit au soleil le principe de sa nourriture, de sa naissance et de sa respiration, soit qu'il se souvînt du vers d'Homère :

« Et le soleil levant monta du lac splendide[56] »,

soit qu'il sût que les Égyptiens prennent comme symbole de l'origine et du lever de l'astre un enfant nouveau-né assis sur un lotus[57]. Je me mis à rire « Mon cher, lui dis-je, que viens-tu encore insinuer ici le stoïcisme, en glissant dans tes paroles, sans en avoir l'air, les embrasements et les respirations ? Comme les

---

Hymne à Délos, 249) ; quant aux loups, Apollon était aussi *Lukeios*, « de la Lycie », protecteur des troupeaux contre les loups (Pausanias, II,9,7). Sur ce sujet, voir D. E. Gershenson, « Apollo the Wolf-God », *Journal of Indo-European Studies*, Monograph. VIII, Virginia, 1991.

56. Homère, *Odyssée*, III, 1. Il s'agit des étangs le long de la côte ouest du Péloponnèse : les Anciens y voyaient tantôt le fleuve Océan, tantôt la mer.

57. Le nouveau-né, fils d'Isis et Osiris, est Horus, pour les Grecs Harpocrate (cf. Plutarque, *Isis et Osiris*, 10, *Mor.*, 355B, 33, *Mor.*, 364C-D, 67, *Mor.*, 378C).

σελήνην καὶ τὸν ἥλιον, ὡς ἐντεῦθεν ἀπὸ γῆς καὶ ὑδάτων βλαστάνοντας καὶ ἀρχομένους ; Ὁ μὲν γὰρ Πλάτων καὶ τὸν ἄνθρωπον οὐράνιον ὠνόμασε φυτόν, ὥσπερ ἐκ ῥίζης ἄνω τῆς κεφαλῆς ὀρθούμενον · ὑμεῖς δὲ τοῦ μὲν Ἐμπεδοκλέους καταγελᾶτε φάσκοντος τὸν ἥλιον περιαυγῆ ἀνακλάσει φωτὸς οὐρανίου γενόμενον αὖθις

« ἀνταυγεῖν πρὸς ὄλυμπον ἀταρβήτοισι προσώποις »,

αὐτοὶ δὲ γηγενὲς ζῷον ἢ φυτὸν ἔλειον ἀποφαίνετε τὸν ἥλιον, εἰς βατράχων πατρίδα ἢ ὕδρων ἐγγράφοντες. C Ἀλλὰ ταῦτα μὲν εἰς τὴν Στωικὴν ἀναθώμεθα τραγῳδίαν, τὰ δὲ τῶν χειροτεχνῶν πάρεργα παρέργως ἐξετάσωμεν. Ἐν πολλοῖς γάρ εἰσι κομψοί, τὸ δὲ ψυχρὸν οὐ πανταχοῦ καὶ περίεργον ἐκπεφεύγασιν. Ὥσπερ οὖν ὁ τὸν ἀλεκτρυόνα ποιήσας ἐπὶ τῆς χειρὸς τοῦ Ἀπόλλωνος ἑωθινὴν ὑπεδήλωσεν ὥραν καὶ καιρὸν ἐπιούσης ἀνατολῆς, οὕτως ἐνταῦθα τοὺς βατράχους ἐαρινῆς ὥρας φαίη τις ἂν γεγονέναι σύμβολον ἐν ᾗ κρατεῖν ἄρχεται τοῦ ἀέρος ὁ ἥλιος καὶ τὸν χειμῶνα διαλύειν, εἴ γε δεῖ καθ' ὑμᾶς τὸν Ἀπόλλωνα καὶ D τὸν ἥλιον μὴ δύο θεοὺς ἀλλ' ἕνα νομίζειν. » Καὶ ὁ

---

58. Faire descendre la lune et le soleil était un des actes magiques les plus importants qu'on attribuait aux magiciennes, souvent appelées Thessaliennes, la Thessalie étant considérée comme la terre de la magie, par antonomase. Cf. Plutarque, *Sur la disparition des oracles* 13, *Mor.*, 416F-417A ; Platon, *Gorgias*, 513A.

59. Platon, *Timée*, 90A : lorsqu'il parle des âmes qui habitent la partie supérieure du corps. Cette image (connue aussi par Aristote, *De l'âme*, B 416a) était souvent utilisée par les Pythagoriciens. Cf. A. E. Taylor, *A Commentary on Plato's Timaeus*, Oxford, Clarendon Press, 1972³, p. 631-632.

Thessaliennes, tu fais descendre la lune et le soleil, en prétendant que c'est d'ici-bas, de la terre et des eaux, qu'ils prennent leur naissance et leur origine[58]. Platon a dit de l'homme que c'est une plante céleste, qui à partir de la tête, comme d'une racine, se dressa droite, vers le haut[59], et vous, en raillant Empédocle de soutenir que le soleil, qui est un foyer où se réfléchit la lumière du ciel, en retour

> "Éclaire de sa face intrépide l'Olympe[60]",

vous représentez ce même soleil comme un être vivant issu de la terre ou comme une plante de marécage, en l'inscrivant d'office dans la patrie des grenouilles et des serpents d'eau ! Laissons plutôt cela au fatras mélodramatique des stoïciens, et, ce que les artistes ont fait d'accessoire, considérons-le aussi à la manière d'un accessoire. En beaucoup de choses ils montrent de la recherche, et ils n'évitent pas toujours d'être froids et affectés. Aussi, comme celui qui a figuré le coq[61] sur la main d'Apollon a voulu indiquer par là l'heure matinale et le moment où le soleil va se lever, on peut dire qu'ici les grenouilles[62] sont le symbole de la saison printanière, pendant laquelle le soleil commence à reprendre l'empire du ciel et à dissiper le mauvais temps, si toutefois il faut, selon vous, admettre qu'Apollon et le Soleil ne sont

---

60. Hexamètre (fr. 31B44) du philosophe grec Empédocle (Agrigentum, 492-432 av. J.-C.).

61. En Grèce, le coq n'était pas, semble-t-il, un oiseau oraculaire, tandis qu'à Rome, il semble avoir été considéré comme tel (Cicéron, *De la divination*, I, 3, 6). Le coq étant consacré à la lune et au soleil, d'après P. Boyancé, *Le Culte des Muses chez les philosophes grecs*, Paris, de Boccard, 1972², p. 141, on pourrait penser à une divination par les nombres *(arithomanteia)*, fondée sur les valeurs numériques attribuées aux dieux. Chez Jamblique (*Vie de Pythagore*, 147), on retrouve un rite de lecture des entrailles du coq.

62. D'après Cicéron (*De la divination*, I, 9,15), les grenouilles possédaient une *« vis et natura significans »*.

Σαραπίων· «σὺ γὰρ» εἶπεν «οὐχ οὕτω νομίζεις, ἀλλ᾽ οἴει τὸν ἥλιον διαφέρειν τοῦ Ἀπόλλωνος ;» «Ἔγωγ᾽» εἶπον «ὡς τοῦ ἡλίου τὴν σελήνην· ἀλλ᾽ αὕτη μὲν οὐ πολλάκις οὐδὲ πᾶσιν ἀποκρύπτει τὸν ἥλιον, ὁ δ᾽ ἥλιος ὁμοῦ τι πάντας ἀγνοεῖν τὸν Ἀπόλλωνα πεποίηκεν ἀποστρέφων τῇ αἰσθήσει τὴν διάνοιαν ἀπὸ τοῦ ὄντος ἐπὶ τὸ φαινόμενον.»

13 Ἐκ τούτου τοὺς περιηγητὰς ὁ Σαραπίων ἤρετο τί δὴ τὸν οἶκον οὐ Κυψέλου τοῦ ἀναθέντος, ἀλλὰ Κορινθίων ὀνομάζουσιν. Ἀπορίᾳ δ᾽ αἰτίας, ἐμοὶ γοῦν δοκεῖ, σιωπώντων ἐκείνων, ἐπιγελάσας ἐγώ· «τί δ᾽» εἶπον «ἔτι τούτους E οἰόμεθα γιγνώσκειν ἢ μνημονεύειν ἐκπεπληγμένους παντάπασιν, ὑμῶν μετεωρολεσχούντων ; ἐπεὶ πρότερόν γ᾽ αὐτῶν ἠκούομεν λεγόντων ὅτι τῆς τυραννίδος καταλυθείσης ἐβούλοντο Κορίνθιοι καὶ τὸν ἐν Πίσῃ χρυσοῦν ἀνδριάντα καὶ τὸν ἐνταῦθα τουτονὶ θησαυρὸν ἐπιγράψαι τῆς πόλεως. Δελφοὶ μὲν οὖν ἔδοσαν ὡς δίκαιον καὶ συνεχώρησαν, Ἠλείους δὲ φθονήσαντας ἐψηφίσαντο μὴ μετέχειν Ἰσθμίων· ὅθεν οὐδεὶς ἐξ ἐκείνου γέγονεν Ἰσθμίων ἀγωνιστὴς Ἠλεῖος. Ὁ δὲ Μολιονιδῶν φόνος ὑφ᾽ Ἡρακλέους περὶ Κλεωνὰς

63. Sur cette identification d'Apollon au soleil, cf. Plutarque, *Sur la disparition des oracles* 45, *Mor.*, 434F et 51, *Mor.*, 438D ; *Sur le E de Delphes* 4, *Mor.*, 386B et 20, *Mor.*, 393 C-D.

pas deux divinités, mais une seule. » « Mais toi, dit Sarapion, n'es-tu pas de cet avis et penses-tu que le soleil soit différent d'Apollon ? » « Autant, répondis-je, que la lune est différente du soleil ; et encore celle-ci ne cache-t-elle pas souvent le soleil, ni à tout le monde, tandis que le soleil est cause que presque tous les hommes méconnaissent Apollon, car il détourne leur esprit, par la perception sensible, de la réalité vers l'apparence[63]. »

13. Là-dessus Sarapion demanda aux guides pourquoi ce Trésor portait le nom des Corinthiens, et non pas celui de Cypsélos, qui l'avait dédié. Faute, je pense, d'en savoir la raison, ils gardaient le silence. « Pouvons-nous croire, dis-je en souriant, qu'ils aient encore quelque chose dans l'esprit ou dans la mémoire, alors qu'ils sont complètement abasourdis par vos dissertations sur les corps célestes ? Nous leur avons entendu dire précédemment que les Corinthiens, après l'abolition de la tyrannie, voulurent mettre au nom de leur cité l'inscription de la statue d'or qui était à Pise[64] et celle du Trésor qui est ici. Les Delphiens accédèrent à cette demande, qui leur paraissait juste, et donnèrent leur consentement. Mais les Éléens refusèrent, et c'est pourquoi les Corinthiens décrétèrent qu'ils seraient exclus des fêtes isthmiques ; aussi, depuis cette époque, aucun Éléen n'a-t-il concouru à ces jeux. Le meurtre des Molionides[65] par Héraclès, près de Cléonai, n'est donc pour rien, malgré ce qu'en pensent quelques-uns, dans l'exclusion des

64. Célèbre statue en or de Zeus, située dans le sanctuaire d'Héra à Olympie, dédiée par Cypsélos : voir Strabon, VIII, 3, 30 ; Pausanias, V, 2, 3.
65. Les deux frères siamois Eurytos et Ctéatos, appelés Molions, étaient fils de Poséidon et de Molior, sœur d'Augias, roi d'Élide. Alliés d'Augias, qui refusait de payer Héraclès pour son travail, les Molionides furent tués à Cléonai (entre Corinthe et Némée).

οὐδέν ἐστι μεταίτιος, ὡς ἔνιοι νομίζουσιν, Ἠλείοις τοῦ F
εἴργεσθαι· τοὐναντίον γὰρ ἦν αὐτοῖς προσῆκον εἴργειν,
εἰ διὰ τοῦτο Κορινθίοις προσεκεκρούκεσαν. » Ἐγὼ μὲν
οὖν ταῦτα εἶπον.

14 Ἐπεὶ δὲ τὸν Ἀκανθίων καὶ Βρασίδου παρελθοῦσιν
οἶκον ἡμῖν ἔδειξεν ὁ περιηγητὴς χωρίον ἐν ᾧ Ῥοδώπιδος
ἔκειντό ποτε τῆς ἑταίρας ὀβελίσκοι σιδηροῖ, δυσχεράνας
ὁ Διογενιανός· « ἦν ἄρα τῆς αὐτῆς » ἔφη « πόλεως
Ῥοδώπιδι μὲν χώραν παρασχεῖν ὅπου τὰς δεκάτας φέρουσα
καταθήσεται τῶν μισθῶν, Αἴσωπον δ' ἀπολέσαι τὸν 40)
ὁμόδουλον αὐτῆς. » Καὶ ὁ Σαραπίων· « τί δὲ ταῦτα »
ἔφη « μακάριε, δυσχεραίνεις ; ἐκεῖ βλέψον ἄνω καὶ
τὴν χρυσῆν ἐν τοῖς στρατηγοῖς καὶ βασιλεῦσι θέασαι
Μνησαρέτην, ἣν Κράτης εἶπε τῆς τῶν Ἑλλήνων ἀκρασίας
ἀνακεῖσθαι τρόπαιον. » Ἰδὼν οὖν ὁ νεανίας· « εἶτ' οὐ
περὶ Φρύνης » ἔφη « τοῦτο ἦν εἰρημένον τῷ Κράτητι ; »
« Ναί » εἶπεν ὁ Σαραπίων· « Μνησαρέτη γὰρ ἐκαλεῖτο,
τὴν δὲ Φρύνην ἐπίκλησιν ἔσχε διὰ τὴν ὠχρότητα. Πολλὰ
δ' ὡς ἔοικε τῶν ὀνομάτων ἀποκρύπτουσιν αἱ παρωνυμίαι.
Τὴν γοῦν Ἀλεξάνδρου μητέρα Πολυξένην εἶτα Μυρτάλην B
Ὀλυμπιάδα τε καὶ Στρατονίκην κληθῆναι λέγουσι· τὴν
δὲ Ῥοδίαν Εὔμητιν ἄχρι νῦν Κλεοβουλίνην πατρόθεν οἱ
πλεῖστοι καλοῦσιν· Ἡροφίλην δὲ τὴν Ἐρυθραίαν μαντικὴν

66. La ville d'Acanthe accueillit le général spartiate Brasidas en
424 av. J.-C., pendant la première guerre du Péloponnèse : citoyens et
général offrirent ce trésor en 423 (cf. Plutarque, *Lysandre*, 1).

67. D'après Hérodote, II, 134-135, auquel se réfère Plutarque,
Ésope et Rodophis eurent à Samos le même maître. Sur les circonstances de la mort d'Ésope à Delphes, voir Plutarque, *Sur les délais de
la justice divine*, 12, *Mor.*, 556F-557B.

68. Ce mot appartient au philosophe cynique Cratès de Thèbes
(360-280 av. J.-C.), qui offrit tous ses biens à la ville. Cf. Athénée,
XIII, 591B.

Éléens ; c'eût été à ceux-ci, au contraire, d'exclure les Corinthiens, si leur querelle avec eux était venue de là. » Telles furent mes paroles.

14. Après que nous fûmes passés devant le Trésor des Acanthiens et de Brasidas[66], le guide nous montra l'endroit où se trouvaient autrefois les broches de fer de la courtisane Rhodopis, ce qui excita l'indignation de Diogénianos : « Il appartenait bien à la même ville, dit-il, d'offrir à Rhodopis une place où venir déposer la dîme de ses gains et de faire périr Ésope[67], son compagnon d'esclavage ! » Alors Sarapion : « Mon cher, dit-il, pourquoi t'indigner ? Lève les yeux de ce côté et contemple, au milieu des généraux et des rois, la statue d'or de Mnésarétè qui, selon le mot de Cratès, est érigée comme un trophée de la luxure des Grecs[68]. » Le jeune étranger la regarda et dit : « N'est-ce pas à Phryné que s'appliquait la parole de Cratès ? » « En effet, répondit Sarapion, puisqu'elle s'appelait Mnésarétè et que Phryné était un surnom dû à son teint jaunâtre[69]. Que de noms, semble-t-il, sont éclipsés par les surnoms ! Ainsi la mère d'Alexandre s'appela, dit-on, Polyxénè, puis Myrtalè, puis Olympias et Stratonikè[70] ; Eumétis de Rhodes, aujourd'hui encore, est le plus souvent appelée, du nom de son père, Cléoboulinè[71] ; Hérophilè d'Érythrai, devenue prophétesse, fut connue sous l'appella-

69. Phryné, célèbre hétaïre athénienne du IVᵉ siècle av. J.-C. Modèle de l'Aphrodite de Cnide, sculptée par Praxitèle. D'après Pausanias, IX, 27, 5, il existait à Thespies une autre statue de Phryné de Praxitèle. Cf. Plutarque, *De l'Amour*, 9, *Mor.*, 753F.

70. Stratonikè, mère d'Alexandre le Grand, plus souvent appelée Olympias.

71. Eumétis ou Cléobuline, fille de Cléoboulos, tyran de Rodhes, l'un de sept Sages dont les énigmes étaient connues aussi en Égypte (Plutarque, *Le Banquet des sept Sages*, 3, *Mor.*, 148D, et *Sur le E de Delphes* 3, *Mor.*, 385E).

γενομένην Σίβυλλαν προσηγόρευσαν. Τῶν δὲ γραμμα-
τικῶν ἀκούσῃ καὶ τὴν Λήδαν Μνησινόην, καὶ τὸν Ὀρέστην
Ἀχαιὸν.... ὠνομάσθαι φασκόντων. Ἀλλὰ πῶς, ἔφη,
διανοῇ σύ (βλέψας πρὸς τὸν Θέωνα) τουτὶ διαλῦσαι τὸ
περὶ Φρύνης αἰτίαμα ; »

15 Κἀκεῖνος ἡσυχῇ διαμειδιάσας· « οὕτως » εἶπεν
« ὥστε καὶ σοὶ προσεγκαλεῖν τὰ μικρότατα τῶν Ἑλληνικῶν
πλημμελημάτων ἐλέγχοντι. Καθάπερ γὰρ ὁ Σωκράτης C
ἑστιώμενος ἐν Καλλίου τῷ μύρῳ πολεμεῖ μόνον, ὀρχήσεις
δὲ παίδων καὶ κυβιστήσεις καὶ φιλήματα καὶ γελωτοποιοὺς
ὁρῶν ἀνέχεται, καὶ σύ μοι δοκεῖς ὁμοίως γύναιον εἴργειν
τοῦ ἱεροῦ χρησάμενον ὥρᾳ σώματος οὐκ ἐλευθερίως, φόνων
δὲ καὶ πολέμων καὶ λεηλασιῶν ἀπαρχαῖς καὶ δεκάταις
κύκλῳ περιεχόμενον τὸν θεὸν ὁρῶν, καὶ τὸν νεὼν σκύλων
Ἑλληνικῶν ἀνάπλεων καὶ λαφύρων οὐ δυσχεραίνεις, οὐδ᾽
οἰκτείρεις τοὺς Ἕλληνας ἐπὶ τῶν καλῶν ἀναθημάτων
αἰσχίστας ἀναγιγνώσκων ἐπιγραφάς· « Βρασίδας καὶ
Ἀκάνθιοι ἀπὸ Ἀθηναίων » καί « Ἀθηναῖοι ἀπὸ Κορίν- D
θίων » καί « Φωκεῖς ἀπὸ Θεσσαλῶν », « Ὀρνεᾶται » δέ
« ἀπὸ Σικυωνίων », « Ἀμφικτύονες » δέ « ἀπὸ Φωκέων ».
Ἀλλὰ Πραξιτέλης ὡς ἔοικε μόνος ἠνίασε Κράτητα τῇ
ἐρωμένῃ τυχὼν αὐτόθι χώρας, ὃν ἐπαινεῖν ὤφειλε Κράτης,
ὅτι τοῖς χρυσοῖς βασιλεῦσι τούτοις παρέστησε χρυσῆν

72. Plutarque pensait que Sibylle était à l'origine un nom propre
(cf. supra, Mor., 398C). Ici, il est question de la Sibylle Hérophile
d'Érythrée (cf. Schol., Platon, Phèdre, 244B ; Pausanias, X, 12,1).
73. Évocation du Banquet de Xénophon, II, 3-4 où Socrate aborde
la question des vêtements et des parfums des femmes et des hommes,
des esclaves et des hommes libres.

tion de Sibylle[72]. Tu entendras enfin les érudits attribuer à Léda le nom de Mnésinoè, à Oreste celui d'Achaios... Mais quel moyen vois-tu, dit-il en regardant Théon, de réfuter l'accusation dont Phryné est le prétexte ? »

15. Théon sourit doucement : « Je le ferai si bien, dit-il, que je t'accuserai toi-même de ne reprocher aux Grecs que leurs fautes les moins graves. Ainsi Socrate, dînant chez Callias, ne s'en prend qu'aux parfums et supporte la vue des enfants qui dansent, font des culbutes, s'embrassent, et celle des bouffons[73]; c'est d'une manière analogue, il me semble, que tu exclus du sanctuaire une femme coupable d'avoir fait de sa beauté un indigne usage, tandis que ces monuments dont le dieu est environné de toutes parts, prémices et dîmes qui sont le fruit de meurtres, de guerres et de pillages, et ce temple rempli de dépouilles et de butins faits sur des Grecs, tu vois tout cela sans t'indigner ! Et tu ne plains pas les Grecs, quand tu lis sur leurs belles offrandes des inscriptions aussi honteuses : *Brasidas et les Acanthiens sur les Athéniens, Les Athéniens sur les Corinthiens, Les Phocidiens sur les Thessaliens, Les Ornéates sur les Sicyoniens, Les Amphictyons sur les Phocidiens*[74] ? Mais Praxitèle seul, à ce qu'il paraît, a chagriné Cratès, en obtenant ici une place pour sa maîtresse ; Cratès ne devait-il pas plutôt le louer d'avoir dressé à côté de ces monarques d'or[75] une courtisane d'or, puisqu'il avilissait

74. La première de ces dédicaces est celle du trésor offert par la ville et le général Brasidas (424). L'Athénien Phormion avait remporté plusieurs victoires navales sur les Corinthiens (Pausanias, X, 11, 6). Les Phocidiens avaient dédié trois monuments à la victoire sur les Thessaliens. Sur l'offrande des Ornéates, voir Pausanias, X, 18,5. Deux statues d'Apollon ont été offertes par les Amphictyons (Pausanias, X, 15, 1-2 et 7).

75. Par exemple, le roi Archidamos de Sparte et Philippe de Macédoine. Voir Athénée, XIII, 591B.

ἐταίραν, ἐξονειδίζων τὸν πλοῦτον ὡς οὐδὲν ἔχοντα θαυμά-
σιον οὐδὲ σεμνόν. Δικαιοσύνης γὰρ ἀναθήματα καὶ
σωφροσύνης καὶ μεγαλονοίας καλῶς ἔχει τίθεσθαι παρὰ
τῷ θεῷ τοὺς βασιλεῖς καὶ τοὺς ἄρχοντας, οὐ χρυσῆς καὶ
τρυφώσης εὐπορίας ἧς μέτεστι καὶ τοῖς αἴσχιστα βεβιω- E
κόσιν. »

16 « Ἐκεῖνο δ' οὐ λέγεις » εἶπεν ἄτερος τῶν περιηγη-
τῶν, « ὅτι Κροῖσος ἐνταῦθα καὶ τῆς ἀρτοποιοῦ χρυσῆν
εἰκόνα ποιησάμενος ἀνέθηκε. » ⟨Καὶ ὁ Θέων· « ναί »
ἔφη⟩ « πλὴν οὐκ ἐντρυφῶν τῷ ἱερῷ, καλὴν δὲ λαβὼν
αἰτίαν καὶ δικαίαν. Λέγεται γὰρ Ἀλυάττην τὸν πατέρα
τοῦ Κροίσου δευτέραν ἀγαγέσθαι γυναῖκα καὶ παῖδας
ἑτέρους τρέφειν· ἐπιβουλεύουσαν οὖν τῷ Κροίσῳ τὴν
ἄνθρωπον φάρμακον δοῦναι τῇ ἀρτοποιῷ καὶ κελεῦσαι
διαπλάσασαν ἄρτον ἐξ αὐτοῦ τῷ Κροίσῳ παραδοῦναι·
τὴν δ' ἀρτοποιὸν κρύφα τῷ Κροίσῳ φράσαι, παραθεῖναι
δὲ τοῖς ἐκείνης παισὶ τὸν ἄρτον· ἀνθ' ὧν βασιλεύσαντα F
τὸν Κροῖσον οἷον ἐπὶ μάρτυρι τῷ θεῷ τὴν χάριν ἀμείψασθαι
τῆς γυναικός, εὖ γε ποιοῦντ' ἐκεῖνον. Ὅθεν » εἶπεν
« ἄξιον δὴ καὶ τῶν πόλεων εἴ τι τοιοῦτόν ἐστιν ἀνάθημα
τιμᾶν καὶ ἀγαπᾶν, οἷον τὸ Ὀπουντίων. Ἐπεὶ γὰρ οἱ
Φωκέων τύραννοι πολλὰ τῶν χρυσῶν καὶ ἀργυρῶν ἀναθημάτων συγχέαντες ἔκοψαν νόμισμα καὶ διέσπειραν εἰς
τὰς πόλεις, Ὀπούντιοι συναγαγόντες ὅσον ἀργυρίου
⟨Φωκικοῦ εἶχον καὶ ποιήσαντες⟩ ὑδρίαν ἀνέπεμψαν ἐνθάδε
τῷ θεῷ καὶ καθιέρωσαν. Ἐγὼ δὲ καὶ Μυριναίους ἐπαινῶ
καὶ Ἀπολλωνιάτας θέρη χρυσᾶ δεῦρο πέμψαντας, ἔτι δὲ 402

ainsi la richesse en montrant qu'elle n'a rien d'admirable ni d'auguste ? Des offrandes de justice, de sagesse, de magnanimité, voilà ce que doivent placer auprès du dieu les rois et les magistrats, au heu des tributs en or d'un luxe fastueux, qui est aussi le partage de ceux qui ont mené la vie la plus honteuse. »

16. « Il est une chose que tu ne dis pas, reprit l'un des deux guides : c'est que Crésus fit faire en or la statue de sa boulangère et la consacra ici[76]. » « C'est vrai, répondit Théon, mais en cela il ne déployait pas un luxe insultant pour le sanctuaire, car il avait un motif honnête et équitable. On dit, en effet, qu'Alyattés, père de Crésus, s'était remarié et avait des enfants de sa seconde femme ; celle-ci, qui en voulait aux jours de Crésus, remit du poison à sa boulangère et lui ordonna d'en mêler à la pâte en fabriquant le pain destiné à Crésus ; mais la boulangère avertit secrètement celui-ci, et ce fut aux enfants de la reine qu'elle servit le pain empoisonné. En échange de ce bienfait, Crésus, devenu roi, voulut prendre en quelque sorte le dieu à témoin de sa reconnaissance envers cette femme, et ce fut là assurément, de sa part, une belle action. » « Il est donc juste, continuat-il, d'apprécier et d'estimer toutes les offrandes de cette espèce, dont certaines ont été faites aussi par des cités, telle celle des Opontiens : les tyrans phocidiens ayant fondu un grand nombre des offrandes d'or et d'argent pour en frapper des pièces de monnaie qu'ils répandirent dans les villes[77], les Opontiens réunirent tout ce qu'ils possédaient d'argent phocidien et en firent un vase, qu'ils envoyèrent ici et consacrèrent au dieu. Pour moi, j'approuve les gens de Myrina et d'Apollonie qui ont envoyé ici des moissons d'or, et davantage encore ceux

---

76. Cf. Hérodote, I, 51.
77. Pendant la guerre sacrée du IVe siècle.

μᾶλλον Ἐρετριεῖς καὶ Μάγνητας ἀνθρώπων ἀπαρχαῖς
δωρησαμένους τὸν θεόν, ὡς καρπῶν δοτῆρα καὶ πατρῷον
καὶ γενέσιον καὶ φιλάνθρωπον· αἰτιῶμαι δὲ Μεγαρεῖς,
ὅτι μόνοι σχεδὸν ἐνταῦθα λόγχην ἔχοντα τὸν θεὸν ἔστησαν
ἀπὸ τῆς μάχης ἣν Ἀθηναίους μετὰ τὰ Περσικὰ τὴν
πόλιν ἔχοντας αὐτῶν νικήσαντες ἐξέβαλον· ὕστερον
μέντοι πλῆκτρον ἀνέθηκαν τῷ θεῷ χρυσοῦν ἐπιστήσαντες
ὡς ἔοικε Σκυθίνῳ λέγοντι περὶ τῆς λύρας·

« ἣν ἁρμόζεται
Ζηνὸς εὐειδὴς Ἀπόλλων, πᾶσαν ἀρχὴν καὶ τέλος
συλλαβών· ἔχει δὲ λαμπρὸν πλῆκτρον ἡλίου φάος. »   B

17 Ἐπιβάλλοντος δὲ τοῦ Σαραπίωνος εἰπεῖν τι περὶ
τούτων, ὁ ξένος· « ἡδὺ μὲν » ἔφη « τὸ τοιούτων ἀκροᾶσθαι
λόγων, ἐμοὶ δ' ἀναγκαῖόν ἐστι τὴν πρώτην ὑπόσχεσιν
ἀπαιτῆσαι περὶ τῆς αἰτίας ᾗ πέπαυκε τὴν Πυθίαν ἐν
ἔπεσι καὶ μέτροις ἄλλοις θεσπίζουσαν· ὥστ', εἰ δοκεῖ,
τὰ λειπόμενα τῆς θέας ὑπερθέμενοι περὶ τούτων ἀκούσωμεν
ἐνταῦθα καθίσαντες. Οὗτος γάρ ἐστιν ὁ μάλιστα πρὸς τὴν
τοῦ χρηστηρίου πίστιν ἀντιβαίνων λόγος, ὡς δυεῖν
θάτερον, ἢ τῆς Πυθίας τῷ χωρίῳ μὴ πελαζούσης ἐν ᾧ τὸ

---

78. Myrina est une ville sur la côte ouest de l'île de Lemnos.
Apollonie fut fondée par les Corcyriens en Illyrie, en 588 av. J.-C.
Érétrie est une ville de l'Eubée. Magnésia, nom commun à beaucoup
de villes antiques, désigne ici probablement celle d'Asie Mineure.

d'Érétrie et de Magnésie[78] qui ont fait don des prémices de leur population au dieu, comme au dispensateur de tout fruit, au père, à l'auteur, à l'ami de l'humanité. Mais je blâme les Mégariens, qui sont presque les seuls à avoir représenté ici le dieu avec une lance au bras, ce qu'ils firent à la suite de leur victoire sur les Athéniens qui occupaient leur ville après les guerres médiques et qu'ils en chassèrent[79]; plus tard, cependant, ils consacrèrent au dieu un plectre d'or, en songeant sans doute aux vers de Skythinos concernant la lyre :

"C'est le bel Apollon qui l'accorde,
Le fils de Zeus, principe et fin universels ;
Pour plectre, il a l'éclat radieux du soleil[80]."»

17. Sarapion se disposait à répondre sur ce sujet, quand l'étranger prit la parole : « Quel que soit le plaisir que j'éprouve à écouter de tels propos, il me faut pourtant réclamer l'exécution de la promesse, précédemment faite[81], de rechercher pourquoi la Pythie a cessé de prophétiser en vers, épiques ou autres ; aussi, si vous le voulez bien, ajournons le reste de la visite et asseyons-nous ici pour entendre traiter cette question. Car ce qui surtout discrédite l'oracle, c'est que l'on pose cette alternative : si la Pythie ne prophétise plus en vers, c'est, ou bien qu'elle ne s'approche pas de la demeure du dieu, ou

---

79. En 446 av. J.-C., les Mégariens se révoltèrent contre les Athéniens qui avaient occupé la ville durant la bataille de Nisaia (Thucydide, I, 114-115 ; Pausanias, X, 15,1). Sur cet Apollon guerrier, voir aussi Pausanias, X, 15, 1.

80. Poète iambique, né à Téos probablement au IVe siècle av. J.-C. (*Iambi et elegi graeci*, II, p. 95-96). Ces vers – tétramètres trochaïques catalectiques – correspondent probablement au fr. 1 West = 1 Diels.

81. Voir *supra*, *Mor.*, 397E.

θεῖόν ἐστιν, ἢ τοῦ πνεύματος παντάπασιν ἀπεσβεσμένου
καὶ τῆς δυνάμεως ἐκλελοιπυίας. »   C

Περιελθόντες οὖν ἐπὶ τῶν μεσημβρινῶν καθεζόμεθα
κρηπίδων ⟨τοῦ⟩ νεὼ πρὸς τὸ τῆς Γῆς ἱερὸν τό θ' ὕδωρ...
ἀποβλέποντες · ὥστ' εὐθὺς εἰπεῖν τὸν Βόηθον ὅτι καὶ ὁ
τόπος τῆς ἀπορίας συνεπιλαμβάνεται τῷ ξένῳ. « Μουσῶν
γὰρ ἦν ἱερὸν ἐνταῦθα περὶ τὴν ἀναπνοὴν τοῦ νάματος,
ὅθεν ἐχρῶντο πρός τε τὰς λοιβὰς ⟨καὶ τὰς χέρνιβας⟩ τῷ
ὕδατι τούτῳ, ὥς φησι Σιμωνίδης,

          « ἔνθα χερνίβεσσιν ἀρύεται [τε] Μουσᾶν
          καλλικόμων ὑπένερθεν ἁγνὸν ὕδωρ. »

Μικρῷ δὲ περιεργότερον αὖθις ὁ Σιμωνίδης τὴν Κλειὼ
προσειπὼν « ἁγνὰν ἐπίσκοπον χερνίβων » φησί « πολύ- D
λιστον [ἀραιόν τέ ἐστιν] ἀχρυσόπεπλον † εὐῶδες ἀμβρο-
σίων ἐκ μυχῶν ἐραννὸν ὕδωρ λείβειν ». Οὐκ ὀρθῶς οὖν
Εὔδοξος ἐπίστευσε τοῖς Στυγὸς ὕδωρ τοῦτο καλεῖσθαι

---

82. Souffle, vapeur, exhalaison qui s'échapperait d'une crevasse
dans le sol, au-dessous du trépied où est assise la Pythie (Pausanias, X,
5, 7 ; Cic., *De la divination*, 38, 79 ; Ps. Arist., *Du monde*, 395 ;
Strabon, IX, 3, 5 ; Ps. Longin, XIII, 3 ; Diodore de Sicile, XVI, 25).
Bien que Plutarque reconnaisse l'originalité du site delphique (pour un
aperçu des différentes positions de Plutarque dans les *Dialogues
pythiques*, voir Y. Vernière, « La théorie de l'inspiration prophétique
dans les *Dialogues pythiques* de Plutarque », *Oracles et mantique en
Grèce ancienne-Kernos*, 3, 1990, p. 359-366 ; 364 sq.), il fait ici allusion à l'existence de ce *pneuma* comme une idée reçue et partagée
d'ordre philosophique (Démocrite, Héraclite) qui, loin de corres-
pondre à la réalité, ne serait qu'une fiction permettant de soutenir
l'hypothèse matérialiste (voir par exemple E. Will, « Sur la nature du
pneuma delphique », *Bulletin de correspondance hellénique*, 61-62
(1942-1943), p. 161-175). Cf. *Sur la disparition des oracles*, 41,
Mor., 433B-C ; 50, 437C.

bien que l'exhalaison inspiratrice[82] s'est complètement tarie et que son efficacité a cessé. »

Ayant donc fait le tour du temple, nous nous asseyons sur les degrés du côté sud de l'édifice, face au sanctuaire de la Terre et à la fontaine[83]..., ce qui fait dire aussitôt à Boéthos que les lieux s'accordent avec l'étranger pour suggérer ce problème : « Car il y avait ici un sanctuaire des Muses, autour de la résurgence de l'écoulement[84] où l'on prenait l'eau qui servait aux libations et aux aspersions, comme le dit Simonide[85]:

> "Pour les aspersions là se puise une eau pure,
> Sous le domaine des Muses aux beaux cheveux."

D'une manière un peu plus recherchée, le même Simonide appelle Clio "des ablutions la chaste intendante", et dit : "On l'invoque dans les prières..., elle qui porte un péplos sans or..., elle verse, du fond des abîmes divins, l'eau parfumée, exquise." C'est donc à tort qu'Eudoxos[86] a admis l'opinion qui fait de cette eau

---

83. À partir de ce passage de Plutarque, on considère Gaia, la Terre, comme étant la première occupante du sanctuaire oraculaire à Delphes : Plutarque, *Sur les oracles de la Pythie*, R. Flacelière (éd.), *op. cit.*, p. 179, et G. Roux, *op. cit.*, p. 19-35. Cependant, aucune source archéologique ne permet de confirmer la primauté de Gaia. Son sanctuaire est attesté dans les comptes rendus de la construction du temple au IVe av. J.-C., au sud de l'édifice, à l'intérieur du *temenos* d'Apollon. Voir M. Detienne, *Apollon le couteau à la main*, Paris, Gallimard, 1998, p. 135-174.

84. Cette eau qui coule, identifiée à la source Cassotis, est associée par Plutarque au sanctuaire des Muses. D'après G. Roux, *Delphes, son oracle et ses dieux*, *op. cit.*, p. 28), cette eau serait la preuve de l'existence d'un ancien culte oraculaire de la déesse Gaia, ensuite intégré au culte d'Apollon.

85. Simonide : poète grec (556-468 av. J.-C.).

86. Eudoxos de Cnide (400-347 av. J.-C.) : mathématicien grec, élève d'Archytas de Tarente, astronome, géographe et philosophe de l'Académie.

ἀποφῆναι. Τὰς δὲ Μούσας ἱδρύσαντο παρέδρους τῆς μαντικῆς καὶ φύλακας αὐτοῦ παρὰ τὸ νᾶμα καὶ τὸ τῆς Γῆς ἱερόν, ἧς λέγεται τὸ μαντεῖον γενέσθαι, ⟨διὰ⟩ τὴν ἐν μέτροις καὶ μέλεσι χρησμῳδίαν. Ἔνιοι δὲ καὶ πρῶτον ἐνταῦθά φασιν ἡρῷον μέτρον ἀκουσθῆναι ·

« συμφέρετε πτέρα τ᾽, οἰωνοί, κηρόν τε, μέλισσαι » ·

ὅτε τῷ θεῷ † ἐπιδεᾶ γενομένην ἀποβαλεῖν τὸ σεμνόν. »

18 Ὁ Σαραπίων · « ἐπιεικέστερα ταῦτα » εἶπεν « ὦ Βόηθε, καὶ μουσικώτερα · δεῖ γὰρ μὴ μάχεσθαι πρὸς τὸν E θεὸν μηδὲ ἀναιρεῖν μετὰ τῆς μαντικῆς ἅμα τὴν πρόνοιαν καὶ τὸ θεῖον, ἀλλὰ τῶν ὑπεναντιοῦσθαι δοκούντων λύσεις ἐπιζητεῖν, τὴν δὲ εὐσεβῆ καὶ πάτριον μὴ προῖεσθαι πίστιν. » « Ὀρθῶς » ἔφην ἐγώ « λέγεις, ἄριστε Σαραπίων · οὐδὲ γὰρ φιλοσοφίαν ἀπογιγνώσκομεν ὡς ἀνῃρημένην παντάπασι καὶ διεφθορυῖαν, ὅτι πρότερον μὲν ἐν ποιήμασιν ἐξέφερον οἱ φιλόσοφοι τὰ δόγματα καὶ τοὺς λόγους, ὥσπερ Ὀρφεὺς καὶ Ἡσίοδος καὶ Παρμενίδης καὶ Ξενοφάνης καὶ Ἐμπεδοκλῆς καὶ Θαλῆς, ὕστερον δ᾽ ἐπαύσαντο καὶ F πέπαυνται χρώμενοι μέτροις πλὴν σοῦ · διὰ σοῦ δ᾽ αὖθις εἰς φιλοσοφίαν ποιητικὴ κάτεισιν, ὄρθιον καὶ γενναῖον ἐγκελευομένη τοῖς νέοις. Οὐδ᾽ ἀστρολογίαν ἀδοξοτέραν

---

87. Le temple des Muses, filles de Zeus et de Mnémosyne (Hésiode, *Théogonie*, 52-55) était situé près de la source, à côté d'un temple de Gaia.

88. Les habitants de Delphes se souvenaient d'un temple bâti par les abeilles, pour le dieu Apollon, avec de la cire et des plumes (Pausanias, X, 5, 9). La Pythie est nommé *mélissa* par Pindare

celle du Styx. Si l'on installa ici les Muses comme assistantes et comme gardiennes de la divination, à côté de la fontaine et du sanctuaire de la Terre, à laquelle appartenait, dit-on, l'oracle, c'est parce que l'avenir y était chanté en vers[87]. Même, au dire de quelques-uns, c'est ici que fut entendu le premier vers héroïque :

"Oiseaux, donnez vos plumes ; abeilles, votre cire[88]."
Quand le dieu..., elle manqua... et perdit son privilège
[auguste. »

18. Sarapion dit alors : « Voilà des paroles, Boéthos, plus équitables et plus savantes ; car il ne faut pas s'en prendre au dieu, ni proscrire, en même temps que l'oracle, sa prescience et sa divinité, mais il convient de rechercher la solution des contradictions apparentes et de ne pas abandonner la piété et la foi de nos pères. » « Tu as raison, lui dis-je, mon excellent Sarapion. Nous ne désespérons pas de la philosophie, comme si elle était complètement perdue et anéantie sous prétexte que, après les poèmes qui ont exprimé les maximes et les pensées des premiers philosophes, tels qu'Orphée, Hésiode, Parménide, Xénophane, Empédocle et Thalès, les philosophes qui sont venus ensuite ont cessé d'employer les vers, et cela jusqu'à nos jours, sauf toi : c'est grâce à toi que la poésie vient de nouveau se joindre à la philosophie pour exhorter les jeunes gens à la droiture et à la noblesse des sentiments[89]. L'astronomie non plus

(*Pythiques*, IV, 60 ; *Olympiques*, VI, 47). Dès son enfance, le dieu fut initié à la divination par les Thriai, les trois vierges abeilles, qui, nourries de miel, étaient saisies d'un transport prophétique (*Hymne à Hermès*, 559sq.).

89. Le poète athénien stoïcien Sarapion remporta une victoire au concours de lyrisme choral (Plutarque, *Propos de table*, 1, 10, *Mor.*, 628A).

ἐποίησαν οἱ περὶ Ἀρίσταρχον καὶ Τιμόχαριν καὶ Ἀρίστυλλον καὶ Ἵππαρχον καταλογάδην γράφοντες, ἐν μέτροις πρότερον Εὐδόξου καὶ Ἡσιόδου καὶ Θαλοῦ γραφόντων, 403 εἴ γε Θαλῆς ἐποίησεν ὡς ἀληθῶς ⟨τὴν⟩ εἰς αὐτὸν ἀναφερομένην Ἀστρολογίαν. Πίνδαρος δὲ καὶ περὶ τρόπου μελῳδίας ἀμελουμένου καθ' αὐτὸν ἀπορεῖν ὁμολογεῖ, καὶ θαυμάζει ὅτι ... · οὐθὲν γάρ ἐστι δεινὸν οὐδ' ἄτοπον αἰτίας ζητεῖν τῶν τοιούτων μεταβολῶν · ἀναιρεῖν δὲ τὰς τέχνας καὶ τὰς δυνάμεις, ἄν τι κινηθῇ καὶ παραλλάξῃ τῶν κατὰ ταύτας, οὐ δίκαιον. »

19 Ὑπολαβὼν δ' ὁ Θέων · « ἀλλὰ ταῦτα μὲν » εἶπε « μεγάλας ἔσχηκε τῷ ὄντι παραλλαγὰς καὶ καινοτομίας · τῶν δ' ἐνταῦθα ⟨χρησμῶν οἶσθα⟩ πολλοὺς καὶ τότε καταλογάδην ἐκφερομένους καὶ περὶ πραγμάτων οὐ τῶν B τυχόντων · Λακεδαιμονίοις τε γάρ, ὡς Θουκυδίδης ἱστόρηκε, περὶ τοῦ πρὸς Ἀθηναίους πολέμου χρωμένοις ἀνεῖλε νίκην καὶ κράτος, καὶ βοηθήσειν αὐτὸς καὶ παρακαλούμενος καὶ ἀπαράκλητος · καὶ Παυσανίαν εἰ μὴ καταγάγοιεν « ἀργυρέᾳ ⟨εὐλάκᾳ⟩ εὐλάξειν ». Ἀθηναίοις δὲ περὶ τῆς ἐν Σικελίᾳ μαντευομένοις στρατείας προσέταξε τὴν ἐξ Ἐρυθρῶν ἱέρειαν ἄγειν τῆς Ἀθηνᾶς · ἐκαλεῖτο

90. Parmi ces quatre astronomes, Aristarque de Samos (IIIᵉ siècle av. J.-C.), théoricien de l'héliocentrisme, est le plus célèbre. Hipparque de Nicée (IIᵉ siècle av. J.-C.) découvrit la précession des équinoxes. Timocharis et Aristille d'Alexandrie (IIIᵉ siècle av. J.-C.) sont cités par Ptolémée, *Alm.*, VII, 1 pour leur étude des étoiles fixes. Voir J. Beaujeu, *Histoire générale des sciences*, I, Paris, PUF, 1957, p. 347-357.

n'est pas tenue en moindre estime parce qu'Aristarchos, Timocharis, Aristyllos, Hipparchos[90] et leurs disciples écrivaient en prose, tandis qu'auparavant c'est en vers que s'étaient exprimés Eudoxos, Hésiode et Thalès (si toutefois Thalès est bien vraiment l'auteur de l'*Astronomie* qu'on lui attribue[91]). Pindare aussi avoue ne savoir que dire de l'abandon où était tombé de son temps tel mode lyrique, et il s'étonne[92]... Il n'y a rien de singulier, rien d'étrange à rechercher les causes de pareilles transformations ; mais, proscrire les arts et les sciences parce qu'ils ont subi un changement ou une évolution, voilà qui n'est pas juste. »

19. Théon prit la parole : « Il est vrai, dit-il, que les changements et les innovations dans ce domaine ont été en fait considérables ; cependant tu sais qu'ici beaucoup d'oracles, dès l'époque ancienne, étaient rendus en prose, et ils concernaient des événements qui n'étaient pas négligeables. Par exemple, lorsque les Lacédémoniens, suivant le récit de Thucydide, consultè-rent le dieu au sujet de la guerre contre Athènes, il leur prédit victoire et domination, ajoutant que pour sa part il les aiderait, qu'il en fût ou non sollicité ; il leur dit aussi que s'ils ne rappelaient pas Pausanias, ils laboureraient "avec un soc en argent[93]". Aux Athéniens qui l'interro-geaient sur l'expédition de Sicile, il enjoignit d'amener d'Érythrai la prêtresse d'Athéna : or cette femme s'ap-

---

91. Thalès de Milet est l'un des sept Sages. On lui attribuait la prédiction de l'éclipse de soleil en 585 av. J.-C. (Hérodote, I, 74). La célèbre image de l'astronome tombé dans le puits en regardant le ciel (Platon, *Théétete*, 174a) ne serait que celle de Thalès.

92. Peut-être le début de la deuxième *Isthmique* de Pindare.

93. Cf. Thucydide, I, 118, 3, et V, 16.

δ᾽ Ἡσυχία τὸ γύναιον. Δεινομένους δὲ τοῦ Σικελιώτου μαντευομένου περὶ τῶν υἱέων, ἀνεῖλεν ὡς οἱ τρεῖς τυραννήσοιεν · ὑποτυχόντος δὲ τοῦ Δεινομένους « οἰμωξόμενοί γ᾽, ὦ δέσποτ᾽ Ἄπολλον », « καὶ τοῦτό σοι » ἔφη « διδόναι C καὶ προσαναιρεῖν » · ἴστε τοίνυν ὅτι Γέλων μὲν ὑδρωπιῶν, Ἱέρων δὲ λιθιῶν ἐτυράννησεν · ὁ δὲ τρίτος Θρασύβουλος ἐν στάσεσι καὶ πολέμοις γενόμενος ⟨μετὰ⟩ χρόνον οὐ πολὺν ἐξέπεσε τῆς ἀρχῆς. Προκλῆς τοίνυν ὁ Ἐπιδαύρου τύραννος ἄλλους τε πολλοὺς ὠμῶς καὶ παρανόμως ἀνεῖλε καὶ Τίμαρχον ἀπ᾽ Ἀθηνῶν παραγενόμενον μετὰ χρημάτων πρὸς αὐτὸν ὑποδεξάμενος καὶ φιλοφρονηθεὶς ἀπέκτεινε, καὶ τὸ σῶμα κατεπόντισεν ἐμβαλὼν εἰς φορμόν · ἔπραξε δὲ ταῦτα διὰ Κλεάνδρου τοῦ Αἰγινήτου, τῶν ἄλλων D ἀγνοούντων · ὕστερον δέ, τῶν πραγμάτων αὐτῷ ταραττομένων, ἔπεμψεν ἐνταῦθα Κλεότιμον τὸν ἀδελφὸν ἐν ἀπορρήτῳ μαντευσόμενον περὶ φυγῆς αὐτοῦ καὶ μεταστάσεως · ἀνεῖλεν οὖν ὁ θεὸς διδόναι Προκλεῖ φυγὴν καὶ μετάστασιν ὅπου τὸν φορμὸν ἐκέλευσε καταθέσθαι τὸν Αἰγινήτην ξένον ἢ ὅπου τὸ κέρας ἀποβάλλει ὁ ἔλαφος · συνεὶς οὖν ὁ τύραννος ὅτι κελεύει καταποντίζειν αὐτὸν ἢ κατορύττειν ὁ θεὸς (οἱ γὰρ ἔλαφοι κατορύττουσι καὶ ἀφανίζουσι κατὰ τῆς γῆς ὅταν ἐκπέσῃ τὸ κέρας), ἐπέσχεν ὀλίγον χρόνον, εἶτα τῶν πραγμάτων παντάπασι μοχθηρῶν γενομένων ἐξέπεσε · λαβόντες δ᾽ αὐτὸν οἱ τοῦ Τιμάρχου φίλοι καὶ διαφθείραντες ἐξέβαλον τὸν νεκρὸν εἰς τὴν E θάλασσαν. Ὁ δ᾽ ἐστὶ μέγιστον, αἱ ῥῆτραι, δι᾽ ὧν ἐκόσμησε τὴν Λακεδαιμονίων πολιτείαν Λυκοῦργος, ἐδόθησαν αὐτῷ

94. « *Esuchian agein* » signifie soit « rester en repos » soit « amener Hésychia » (R. Flacelière). Le même oracle est cité par Plutarque, *Vie de Nicias*, 13, 6. Apollon est dit *Loxias*, l᾽« oblique », en raison du sens obscur et ambigu de ses oracles.

pelait Hésychia[94]. Quand le Sicilien Deinoménès le consulta au sujet de ses fils, il répondit que trois d'entre eux règneraient ; Deinoménès répliquant : "Ce sera sans doute pour leur malheur, Apollon souverain !", il dit : "C'est cela aussi que je te réserve et dont je t'informe en sus." Vous savez, en effet, que Gélon et Hiéron, pendant leur règne, souffrirent, l'un, d'hydropisie, l'autre, de la pierre, et que le troisième, Thrasyboulos, après avoir régné pendant peu de temps au milieu des guerres civiles et étrangères, fut chassé du trône[95]. Proclès, tyran d'Épidaure, avait commis un grand nombre de crimes et de meurtres cruels ; Timarchos étant venu d'Athènes auprès de lui avec ses richesses, il l'accueillit aimablement, puis il le fit périr, et le cadavre, enfermé dans un panier, fut jeté à la mer ; l'exécution avait été confiée à Cléandros d'Égine, qui était seul dans le secret. Par la suite, comme des troubles menaçaient son trône, il envoya ici son frère Cléotimos, à l'insu de tous, pour consulter l'oracle au sujet de sa fuite et de son refuge éventuel ; le dieu répondit qu'il lui accordait de fuir et de se réfugier à l'endroit où, sur son ordre, l'étranger d'Égine avait jeté le panier, ou bien là où le cerf dépose ses bois. Le tyran comprit que le dieu lui ordonnait de se jeter à la mer ou bien de s'enterrer (car les cerfs, quand leurs bois viennent à tomber, les enfouissent et les font disparaître sous la terre). Il tint quelque temps, puis ses affaires se gâtèrent tout à fait et il prit la fuite ; mais il tomba aux mains des amis de Timarchos, qui le tuèrent et jetèrent son corps à la mer. Et voici qui est le plus important : les lois par lesquelles Lycurgue régla les institutions publiques de Lacédémone lui furent données en prose[96]. Innombrables sont les oracles en prose

---

95. Proclès, tyran d'Épidaure (VIIe siècle av. J.-C.).

96. Cf. *Lycurgue*, 13, 11 : « Il appela ses lois des *rhètres* pour qu'elles fussent considérées comme provenant du dieu à titre d'oracle. »

καταλογάδην. Μυρίους τοίνυν καὶ Ἡροδότου καὶ Φιλοχό-
ρου καὶ Ἴστρου, τῶν μάλιστα τὰς ἐμμέτρους μαντείας
φιλοτιμηθέντων συναγαγεῖν, ἄνευ μέτρου χρησμοὺς γεγρα-
φότων, Θεόπομπος, οὐδενὸς ἧττον ἀνθρώπων ἐσπουδακὼς
περὶ τὸ χρηστήριον, ἰσχυρῶς ἐπιτετίμηκε τοῖς μὴ νομίζουσι
κατὰ τὸν τότε χρόνον ἔμμετρα τὴν Πυθίαν θεσπίζειν · εἶτα
τοῦτο βουλόμενος ἀποδεῖξαι, παντάπασιν ὀλίγων χρησμῶν F
ηὐπόρηκεν, ὡς τῶν ἄλλων καὶ τότε ἤδη καταλογάδην
ἐκφερομένων.

20   « Ἔνιοι δὲ καὶ νῦν μετὰ μέτρων ἐκτρέχουσιν, ὧν ἕνα
καὶ ⟨τὸ⟩ πρᾶγμα περιβόητον πεποίηκε. Μισογύνου γὰρ
Ἡρακλέους ἱερόν ἐστιν ἐν τῇ Φωκίδι, καὶ νομίζεται τὸν
ἱερωμένον ἐν τῷ ἐνιαυτῷ γυναικὶ μὴ ὁμιλεῖν · διὸ καὶ πρεσ-
βύτας ἐπιεικῶς ἱερεῖς ἀποδεικνύουσι. Πλὴν ἔμπροσθεν 40
ὀλίγῳ χρόνῳ νεανίας οὐ πονηρὸς ἀλλὰ φιλότιμος, ἐρῶν
παιδίσκης, ἔλαβε τὴν ἱερωσύνην. Καὶ τὸ πρῶτον ἦν
ἐγκρατὴς ἑαυτοῦ καὶ ἔφευγε τὴν ἄνθρωπον · ἀναπαυομένῳ
δ' αὐτῷ ποτε μετὰ πότον καὶ χορείαν προσπεσοῦσα
διεπράξατο. Φοβούμενος οὖν καὶ ταραττόμενος ἐπὶ τὸ
μαντεῖον κατέφυγε, καὶ περὶ τῆς ἁμαρτίας ἠρώτα τὸν θεὸν
εἴ τις εἴη παραίτησις ἢ λύσις · ἔλαβε δὲ τόνδε τὸν χρησμόν ·

97. Attidographes des III᷎ et IV᷎ siècles. Istros, élève de
Callimaque, est l'auteur d'ouvrages d'histoire antique. Quant à
Philocore d'Athènes, il est l'auteur d'un ouvrage historique sur
l'Attique en dix-sept livres.

98. Théopompe de Chios, historien du IV᷎ siècle av. J.-C. et élève
d'Isocrate, vécut longtemps à la cour de Philippe de Macédoine et
d'Alexandre le Grand.

99. M. Launey, *Le Sanctuaire et le culte d'Héraclès à Thasos*,
Paris, de Boccard, 1944, p. 126, accepte l'épiclèse *Misogunou*, « qui
déteste   les   femmes »,   résultant   d'une   correction   du   texte

rapportés par Hérodote, Philochoros et Istros[97], ceux des historiens qui cependant ont le plus aimé à recueillir les oracles eu vers. Théopompe, dont personne n'a surpassé le zèle pour les recherches concernant l'oracle[98], a blâmé énergiquement l'opinion suivant laquelle, à cette époque, la Pythie ne prophétisait pas en vers ; puis, quand il a voulu démontrer sa thèse, il n'a trouvé à citer en exemple qu'un tout petit nombre d'oracles, sans doute parce que les autres, à cette époque déjà, étaient rendus en prose.

20. « Par contre, même parmi les oracles qui se répandent de nos jours, certains sont en vers ; l'un d'eux est devenu célèbre par la circonstance où il fut rendu. Il y a en Phocide un sanctuaire d'Héraclès Misogyne[99], dont le prêtre, pendant l'année que dure son sacerdoce, doit s'abstenir de tout rapport avec une femme. Aussi ne choisit-on comme prêtres, d'ordinaire, que des vieillards. Cependant, dans ces derniers temps, un jeune homme fut chargé de la prêtrise ; loin d'avoir de mauvaises mœurs, il était d'un noble caractère, mais il se trouvait épris d'une jeune fille. Au début, il fut maître de lui et il évitait les rencontres ; mais, un jour qu'il se reposait après avoir bu et dansé, la jeune fille survint et s'unit à lui. Saisi de frayeur et de trouble, il accourut vers l'oracle, et il demanda au dieu comment il pourrait expier et racheter sa faute ; voici la réponse qu'il obtint :

(R. Flacelière) à partir du règlement sacrificiel du prytanée de Thasos (*IG*, XII, Suppl. 414 (= LSGG no 63) et *IG*, XII, Suppl. 353 (= LSGG n° 117). Cf. Ch. Picard, « Un rituel archaïque du culte d'Héraclès Thasien, trouvé à Thasos », *Bulletin de correspondance hellénique*, 47 (1923), p. 241-274, et J. Pouilloux, « L'Héraclès Thasien », *Revue des études anciennes*, 76 (1976), p. 305-316. Sur Héraclès et les femmes, voir C. Jourdain-Annequin et C. Bonnet (éd.), *Héraclès, les femmes et le féminin. Actes de la IIe Rencontre héracléenne*, 1992, Bruxelles-Rome, 1996.

« ἅπαντα τἀναγκαῖα συγχωρεῖ θεός. »

Οὐ μὴν ἀλλὰ δοὺς ἄν τις ὡς οὐδὲν ἄνευ μέτρου θεσπίζεται καθ' ἡμᾶς, μᾶλλον διαπορήσειε καὶ περὶ τῶν παλαιῶν ποτὲ μὲν ⟨ἐν⟩ μέτροις, ποτὲ δ' ἄνευ μέτρων διδόντων τὰς B ἀποκρίσεις. Ἔστι δ' οὐθέτερον, ὦ παῖ, παράλογον, μόνον ἂν ⟨εὐσεβεῖς⟩ καὶ καθαρὰς περὶ τοῦ θεοῦ δόξας ἔχωμεν, καὶ μὴ νομίζωμεν αὐτὸν ἐκεῖνον εἶναι τὸν τὰ ἔπη συντιθέντα πρότερον καὶ νῦν ὑποβάλλοντα τῇ Πυθίᾳ τοὺς χρησμούς, ὥσπερ ἐκ προσωπείων φθεγγόμενον.

21 « Ἀλλ' αὖθις ἄξιον μέν ἐστι διὰ μακροτέρων εἰπεῖν τι καὶ πυθέσθαι περὶ τούτων, τὰ δὲ νῦν ἐν βραχεῖ μαθόντες διαμνημονεύωμεν, ὡς σῶμα μὲν ὀργάνοις χρῆται πολλοῖς, αὐτῷ δὲ σώματι ψυχὴ καὶ μέρεσι τοῖς σώματος · ψυχὴ δ' ὄργανον θεοῦ γέγονεν, ὀργάνου δ' ἀρετὴ μάλιστα μιμεῖσθαι τὸ χρώμενον ᾗ πέφυκε δυνάμει καὶ παρέχειν τὸ ἔργον αὐτοῦ τοῦ νοήματος ἐν αὐτῷ διαφαινομένου, δεικνύναι δ' οὐχ οἷον ἦν ἐν τῷ δημιουργῷ καθαρὸν καὶ ἀπαθὲς καὶ ἀναμάρτητον, ἀλλὰ μεμιγμένον ⟨πολλῷ τῷ C οἰκείῳ⟩ · καθ' ἑαυτὸ γὰρ ἄδηλον ἡμῖν, ἐν ἑτέρῳ δὲ καὶ δι' ἑτέρου φαινόμενον ἀναπίμπλαται τῆς ἐκείνου φύσεως.

100. Trimètre iambique très ancien, considéré comme une maxime utilisée par la Pythie en cas de force majeure.

101. Par différentes métaphores relevant du domaine de la musique ou du théâtre, Plutarque affirme que la transformation des

"À la nécessité toujours le dieu pardonne[100]."

Cependant, quand bien même l'on pourrait admettre que de nos jours aucune prédiction n'est rendue que sous forme poétique, on n'en serait que plus embarrassé au sujet des anciens oracles qui étaient exprimés tantôt en vers et tantôt en prose. Mais aucun de ces deux modes d'expression ne doit nous surprendre, mon jeune ami, pour peu que nous ayons sur le dieu des opinions pieuses et saines et que nous n'allions pas croire que c'est lui en personne qui jadis composait les vers et qui aujourd'hui dicte les termes des oracles à la Pythie, à la manière d'un auteur de théâtre qui s'exprime à travers les masques de ses personnages[101].

21. « Il convient qu'une autre fois nous traitions plus longuement et que nous approfondissions ces questions ; pour l'instant, rappelons brièvement ce que nous avons appris[102] : si le corps dispose de nombreux instruments, l'âme, elle, dispose du corps lui-même et des parties qui le composent, et cette âme, à son tour, sert au dieu d'instrument ; or, la bonne qualité d'un instrument consiste à se conformer le mieux possible, suivant les ressources qui lui sont inhérentes, à l'agent qui l'emploie, et à réaliser l'œuvre de la pensée même qui transparaît en lui, en la montrant cependant non pas telle qu'elle se trouvait dans l'ouvrier, pure, intacte et irréprochable, mais mêlée à beaucoup d'éléments qui lui sont propres ; car, en soi, cette pensée nous est inconnue et, en se manifestant dans un autre être et grâce à lui, elle est toute contaminée par la nature de celui-ci. Et je ne parle

oracles ne dépend pas de l'intervention de la divinité, mais de l'évolution des mœurs et des habitudes. Cf. *Sur la disparition des oracles*, 9, *Mor.*, 414E, à propos des ventriloques.

102. Sur le même topos philosophique, voir Plutarque, *Le Banquet des sept Sages*, 21, *Mor.*, 163E.

Καὶ κηρὸν μὲν ἑῷ καὶ χρυσὸν ἄργυρόν τε καὶ χαλκόν,
ὅσα τ' ἄλλα πλαττομένης οὐσίας εἴδη δέχεται μὲν ἰδέαν
μίαν ἐκτυπουμένης ὁμοιότητος, ἄλλο δ' ἄλλην ἀφ' ἑαυτοῦ
τῷ μιμήματι διαφορὰν προστίθησι, καὶ τὰς ἐν κατόπτροις
ἐπιπέδοις τε καὶ κοίλοις καὶ περιαγέσι φασμάτων καὶ
εἰδώλων ἀφ' ἑνὸς εἴδους μυρίας παρατυπώσεις · καὶ γάρ
εἰσι.... ⟨Ἡλίῳ δ'⟩ οὐθὲν οὔτε μᾶλλον ⟨τὴν⟩ ἰδέαν ἔοικεν
οὔθ' ὡς ὀργάνῳ χρῆσθαι φύσει γέγονεν εὐπειθέστερον   D
σελήνης · λαμβάνουσα δὲ παρ' ἡλίου τὸ λαμπρὸν καὶ
πυρωπὸν οὐχ ὅμοιον ἀποπέμπει πρὸς ἡμᾶς, ἀλλὰ μιχθὲν
αὐτῇ καὶ χρόαν μετέβαλε καὶ δύναμιν ἔσχεν ἑτέραν · ἡ
δὲ θερμότης καὶ παντάπασιν ἐξοίχεται καὶ προλέλοιπε τὸ
φῶς ὑπ' ἀσθενείας. Οἶμαι δέ ⟨σε⟩ γιγνώσκειν τὸ παρ'
Ἡρακλείτῳ λεγόμενον ὡς « ὁ ἄναξ, οὗ τὸ μαντεῖόν ἐστι
τὸ ἐν Δελφοῖς, οὔτε λέγει οὔτε κρύπτει, ἀλλὰ σημαίνει. »
Πρόσλαβε δὲ τούτοις εὖ λεγομένοις καὶ νόησον τὸν ἐνταῦθα
θεὸν χρώμενον τῇ Πυθίᾳ πρὸς ἀκοὴν καθὼς ἥλιος χρῆται
σελήνῃ πρὸς ὄψιν · δείκνυσι μὲν γὰρ καὶ ἀναφαίνει τὰς
αὑτοῦ νοήσεις, μεμιγμένας δὲ δείκνυσι διὰ σώματος   E
θνητοῦ καὶ ψυχῆς ⟨ἀνθρωπίνης⟩ ἡσυχίαν ἄγειν μὴ
δυναμένης μηδὲ τῷ κινοῦντι παρέχειν ἑαυτὴν ἀκίνητον
ἐξ αὑτῆς καὶ καθεστῶσαν, ἀλλ' ὥσπερ ἐν σάλῳ † ψαύουσαν
αὐτὴν καὶ συμπλεκομένην τοῖς ἐν αὑτῇ κινήμασι καὶ
πάθεσιν ἐπιταραττούσης. Ὡς γὰρ οἱ δῖνοι τῶν ἅμα κύκλῳ

103. Par cette image de la lune qui reflète la lumière du soleil,
Plutarque annonce le rôle de la Pythie comme un instrument, un
organon sensible à Apollon (voir *infra*).

104. Héraclite fr. 93 Diels-Kranz. Ce fragment constitue le plus
ancien témoignage des modalités de communication de l'oracle de
Delphes.

pas de la cire, de l'or, de l'argent ou du bronze, ni de toutes les autres substances que l'on façonne et qui reçoivent l'empreinte unique de la ressemblance que l'on y imprime, tout en ajoutant de leur propre fonds sur l'objet imité une différence particulière ; je laisse aussi de côté les miroirs plans, concaves et convexes, qui donnent d'une seule et même figure des milliers d'apparences et d'aspects ; ce sont en effet... Mais considérons le soleil : rien n'en présente une image plus ressemblante et, d'autre part, rien ne lui offre un instrument de nature aussi docile que la lune[103] ; or, l'éclat et les traits enflammés qu'elle reçoit du soleil, elle ne les renvoie pas vers nous tels quels, mais, altérés par son contact, ils changent de couleur et prennent une qualité différente ; la chaleur en disparaît complètement, étant trop faible pour pouvoir accompagner la lumière. Tu connais, je pense, cette parole d'Héraclite : "Le Maître à qui appartient l'oracle de Delphes ne dit ni ne cache rien : il donne des signes[104]." Ces mots sont parfaits ; ajoutes-y l'idée que le dieu d'ici doit se servir de la Pythie pour faire parvenir sa pensée à nos oreilles de la même façon que la lumière du soleil doit se réfléchir sur la lune pour atteindre nos yeux[105] ; ce qu'il montre et manifeste, ce sont bien ses propres conceptions, mais il les montre adultérées par leur passage à travers un corps mortel et une âme humaine : celle-ci, incapable de rester passive et de s'offrir immobile et tranquille à celui qui la meut, répand le trouble en elle-même, comme sur une mer démontée, par l'effet des mouvements et des passions qui l'agitent dans son fond. Voyez tournoyer les corps

---

105. C'est une allusion implicite à deux modalités différentes de connaissance : l'ouïe et la vue. Platon avait déjà distingué, sur la base de ces deux catégories de la perception, les modalités de communication des messages divins ; celles-ci peuvent être de nature soit verbale soit visuelle (*Timée*, 71E-72A).

καταφερομένων σωμάτων οὐκ ἐπικρατοῦσι βεβαίως, ἀλλὰ
κύκλῳ μὲν ὑπ' ἀνάγκης φερομένων κάτω δὲ φύσει ῥεπόντων
γίγνεταί τις ἐξ ἀμφοῖν ταραχώδης καὶ παράφορος ἑλιγμός,
οὕτως ὁ καλούμενος ἐνθουσιασμὸς ἔοικε μῖξις εἶναι
κινήσεων δυοῖν, τὴν μὲν ὡς πέπονθε τῆς ψυχῆς ἅμα τὴν F
δ' ὡς πέφυκε κινουμένης. Ὅπου γὰρ ἀψύχοις σώμασι καὶ
κατὰ ταὐτὰ μονίμοις οὐκ ἔστι χρήσασθαι παρ' ὃ πέφυκε
βιαζόμενον, οὐδὲ κινῆσαι σφαιρικῶς κύλινδρον ἢ ⟨κῶνον⟩
κυβικῶς ἢ λύραν αὐλητικῶς ἢ σάλπιγγα κιθαριστικῶς,
ἀλλ' οὐχ ἕτερον [ἢ] ὡς ἔοικε τὸ τεχνικῶς ἑκάστῳ χρῆσθαι
καὶ ὡς πέφυκεν, ἢ που τὸ ἔμψυχον καὶ αὐτοκίνητον ὁρμῆς
τε καὶ λόγου μετέχον ἄλλως ἄν τις ἢ κατὰ τὴν ἐν αὐτῷ
προϋπάρχουσαν ἕξιν ἢ δύναμιν ἢ φύσιν μεταχειρίσαιτο,
μουσικῶς κινῶν τὸν [νοῦν] ἄμουσον ἢ γραμματικῶς 405
τὸν ἀγράμματον ἢ λογίως τὸν ἐν λόγοις ἀθεώρητον καὶ
ἀνάσκητον ; οὐκ ἔστιν εἰπεῖν.

22   « Μαρτυρεῖ δέ μοι καὶ Ὅμηρος, αἰτίᾳ μέν « ἄνευ
θεοῦ » οὐδὲν ὡς ἔπος εἰπεῖν ὑποτιθέμενος περαινόμενον,
οὐ μὴν πᾶσι πρὸς πάντα χρώμενον ποιῶν τὸν θεόν,
ἀλλ' ἑκάστῳ καθ' ἣν ἔχει τέχνην ἢ δύναμιν. Ἦ γὰρ οὐχ
ὁρᾷς » εἶπεν « ὦ φίλε Διογενιανέ, τὴν Ἀθηνᾶν, ὅτε πεῖσαι

---

106. Nombreuses sont les métaphores que Plutarque emprunte à la
musique pour décrire l'état d'inspiration prophétique. Voir sur ce sujet
G. Rouget, *La Mantique et la transe*, Paris, Gallimard, 1980, notamment p. 341-409.

dont la chute est accompagnée de rotation : ils n'ont pas un mouvement réglé ni sûr, mais, de l'impulsion circulaire qui leur est imprimée par force et de leur tendance naturelle à tomber, il résulte un tourbillonnement irrégulier et désordonné : ainsi, ce que l'on appelle l'enthousiasme paraît être la combinaison de deux mouvements simultanés de l'âme : l'un venant de l'action qu'elle subit, et l'autre, de son état naturel. Il est impossible de se servir des corps inanimés et immuablement stables en contrariant violemment leur nature : par exemple, de mouvoir un cylindre à la façon d'une sphère ou un cône à la façon d'un cube, ou bien de jouer de la lyre comme d'une flûte, ou de la trompette comme d'une cithare[106], mais ce n'est pas, semble-t-il, une chose différente d'user de chaque objet selon les règles de l'art ou d'en user selon la nature de l'objet ; et, s'il s'agit de l'être animé, doué de mobilité propre, d'activité et de raison, pourrait-on l'utiliser autrement qu'en suivant les dispositions et les facultés préexistantes de sa nature ? Pourrait-on influer d'après les lois de la musique, de la grammaire ou de la logique sur l'homme insensible à la mélodie ou illettré, ou qui ignore la théorie comme la pratique du raisonnement ? Il est impossible de le prétendre.

22. « J'ai d'ailleurs Homère pour garant : tout en admettant qu'aucun événement, pour ainsi dire, ne puisse se produire "sans un dieu[107]", il ne représente pas ce dieu comme employant tous les hommes à tous les usages, mais chacun selon ses talents et ses facultés. Ne le vois-tu pas, en effet, mon cher Diogénianos ? Athéna, quand elle veut persuader les Achéens, a recours à

---

107. « Sans un dieu » : cf. Homère, *Odyssée*, II, 372 et XV, 531. Voir aussi Plutarque, *Sur la disparition des oracles*, 9, *Mor.* 414D.

βούλεται τοὺς Ἀχαιούς, τὸν Ὀδυσσέα παρακαλοῦσαν,
ὅτε συγχέαι τὰ ὅρκια, τὸν Πάνδαρον ζητοῦσαν, ὅτε
τρέψασθαι τοὺς Τρῶας, ἐπὶ τὸν Διομήδην βαδίζουσαν ;
ὁ μὲν γὰρ εὔρωστος καὶ μάχιμος, ὁ δὲ τοξικὸς καὶ ἀνόητος, B
ὁ δὲ δεινὸς εἰπεῖν καὶ φρόνιμος. Οὐ γὰρ εἶχεν Ὅμηρος
τὴν αὐτὴν Πινδάρῳ διάνοιαν, εἴ γε Πίνδαρος ἦν ὁ ποιήσας ·

« θεοῦ θέλοντος, κἂν ἐπὶ ῥιπὸς πλέοις »,

ἀλλ' ἐγίνωσκεν ἄλλας πρὸς ἄλλα δυνάμεις καὶ φύσεις
γεγενημένας, ὧν ἑκάστη κινεῖται διαφόρως, κἂν ἐν ᾖ
τὸ κινοῦν ἁπάσας. Ὥσπερ οὖν τὸ κινοῦν τὸ πεζὸν οὐ
δύναται ⟨κινῆσαι⟩ πτητικῶς οὐδὲ τορῶς τὸ τραυλὸν οὐδ'
εὐφώνως τὸ ἰσχνόφωνον (ἀλλὰ καὶ τὸν Βάττον, οἶμαι,
διὰ τοῦτ' ἐπὶ τὴν φωνὴν παραγενόμενον εἰς Λιβύην
ἔπεμψεν οἰκιστήν, ὅτι τραυλὸς μὲν ἦν καὶ ἰσχνόφωνος,
βασιλικὸς δὲ καὶ πολιτικὸς καὶ φρόνιμος), οὕτως ἀδύνατον C
διαλέγεσθαι ποιητικῶς τὸν ἀγράμματον καὶ ἀνήκοον
ἐπῶν. Ὥσπερ ἡ νῦν τῷ θεῷ λατρεύουσα γέγονε μὲν εἴ τις
ἄλλος ἐνταῦθα νομίμως καὶ καλῶς καὶ βεβίωκεν εὐτάκτως ·

108. Allusion à Homère, *Iliade*, II, 172, IV, 92 et V, 123.

109. Ce trimètre iambique était utilisé comme proverbe. On l'attribuait à Pindare, Euripide (*TGF* 397 Nauck), ainsi qu'à Simonide
(cf. Aristophane, *Pax*, 699).

110. Cf. Hérodote, IV, 155 : « Battos, tu es venu pour ta voix, mais
le seigneur Phébus Apollon t'envoie fonder une colonie dans la Libye
nourricière de brebis » (trad. Ph.-E. Legrand, Paris, Les Belles Lettres,
CUF, 1949). Cf. Pindare, *Pythiques*, IV, 63. Quant au bégaiement de
ce personnage, d'une part, il constitue l'une des marques que le mythe

Ulysse ; désire-t-elle faire rompre la paix jurée, elle va chercher Pandaros ; s'agit-il de mettre en fuite les Troyens, c'est à Diomède qu'elle s'adresse[108]. C'est que Diomède était très fort et belliqueux ; Pandaros, bon archer, mais peu réfléchi ; Ulysse enfin, éloquent et astucieux. Homère avait donc une opinion différente de celle de Pindare, si toutefois c'est Pindare qui a écrit :

"Qu'un dieu le veuille, et sur une claie on navigue[109]",

et il savait que les différentes facultés naturelles sont propres, les unes, à un emploi, les autres, à un autre, et que chacune d'elles produit un acte différent, même si le principe extérieur de cet acte est le même pour toutes. On ne peut faire voler un animal dont la nature est de marcher, ni donner une prononciation claire à un bègue ou une belle voix à celui dont l'organe est faible (c'est aussi pour cette raison, je crois, que Battos[110], qui était venu ici pour sa voix, reçut du dieu l'ordre d'aller fonder une colonie en Libye, parce que, s'il était bègue et avait un organe faible, ses qualités d'esprit convenaient à un roi et à un homme d'État) : de même, il est impossible qu'un illettré, qui n'a jamais entendu de vers, s'exprime poétiquement. Or telle est la Pythie qui remplit actuellement son office auprès du dieu : elle sort d'une des familles les plus honnêtes et les plus respectables qui soient ici et elle a toujours mené une vie irréprochable,

utilise pour exprimer les distorsions, voire les blocages de la communication aux divers plans de la vie sociale (J.-P. Vernant, « Le tyran boiteux : d'Œdipe à Périandre », in J.-P. Vernant et P. Vidal-Naquet, *Mythe et tragédie en Grèce ancienne II*, Paris, La Découverte, 1986, p. 46-47), et d'autre part, il peut exprimer l'ambivalence propre aux difformités héroïques, assumant une valeur thaumaturgique et magique (M. Giangiulio, « Deformità eroiche e tradizioni di fondazioni », *Annali della Scuola normale superiore di Pisa*, 11 (1981), p. 13).

τραφεῖσα δ' ἐν οἰκίᾳ γεωργῶν πενήτων, οὔτ' ἀπὸ τέχνης
οὐδὲν οὔτ' ἀπ' ἄλλης τινὸς ἐμπειρίας καὶ δυνάμεως
ἐπιφερομένη κάτεισιν εἰς τὸ χρηστήριον, ἀλλ' ὥσπερ ὁ
Ξενοφῶν οἴεται δεῖν ἐλάχιστα τὴν νύμφην ἰδοῦσαν,
ἐλάχιστα δ' ἀκούσασαν εἰς ἀνδρὸς βαδίζειν, οὕτως
ἄπειρος καὶ ἀδαὴς ὀλίγου δεῖν ἁπάντων καὶ παρθένος
ὡς ἀληθῶς τὴν ψυχὴν τῷ θεῷ σύνεστιν. Ἀλλ' ἡμεῖς
ἐρῳδιοῖς οἰόμεθα καὶ τροχίλοις καὶ κόραξι χρῆσθαι
φθεγγομένοις σημαίνοντα τὸν θεόν, καὶ οὐκ ἀξιοῦμεν, ᾗ
θεῶν ἄγγελοι καὶ κήρυκές εἰσι, λογικῶς ἕκαστα καὶ σοφῶς
φράζειν · τὴν δὲ τῆς Πυθίας φωνὴν καὶ διάλεκτον ὥσπερ D
⟨τραγῳδοῦσαν⟩ ἐκ θυμέλης, οὐκ ἀνήδυντον οὐδὲ λιτήν,
ἀλλ' ἐν μέτρῳ καὶ ὄγκῳ καὶ πλάσματι καὶ μεταφοραῖς
ὀνομάτων καὶ μετ' αὐλοῦ φθεγγομένην παρέχειν ἀξιοῦμεν.

23 « Τί οὖν φήσομεν περὶ τῶν παλαιῶν ; οὐχ ἓν ἀλλὰ
πλείονα, οἶμαι. Πρῶτον μὲν γάρ, ὥσπερ εἴρηται, τὰ πλεῖστα
κἀκεῖναι καταλογάδην ἀπεφθέγγοντο. Δεύτερον δὲ καὶ
σωμάτων ἤνεγκε κράσεις καὶ φύσεις ὁ χρόνος ἐκεῖνος E
εὔρουν τι καὶ φορὸν ἐχούσας πρὸς ποίησιν, αἷς εὐθὺς

---

111. Voir Xénophon, *Économique*, VII, 5, où il est question de
l'éducation des hommes et des femmes, mais plus particulièrement des
jeunes épouses.

112. Du temps d'Eschyle, la Pythie était une femme âgée
(*Euménides*, 38). Ensuite, jusqu'à l'époque tardive, la tradition en fait
une vierge, sans limite d'âge (*Schol.*, Euripide, *Oreste*, 165 ; *Schol.*,
Euripide, *Phéniciennes*, 222, etc.). Cf. G. Roux, *op. cit.*, p. 66-67. Sur

mais, élevée dans la maison de pauvres paysans[111], elle n'apporte avec elle, en descendant, dans le lieu prophétique, aucune parcelle d'art ou de quelque autre connaissance ou talent; comme la jeune épouse, selon Xénophon, doit n'avoir presque rien vu, rien entendu, lorsqu'elle entre chez son mari[112], de même l'inexpérience et l'ignorance de la Pythie sont à peu près totales, et c'est vraiment avec une âme qu'elle s'approche du dieu. Nous qui croyons que ce dieu se sert de la voix des hérons, des roitelets et des corbeaux pour donner des signes de sa volonté[113], nous ne demandons pourtant pas à ces oiseaux, parce qu'ils sont les messagers et les hérauts des dieux, d'exprimer chaque chose d'une manière éloquente et savante; cependant, la voix et la parole de la Pythie[114], nous voulons qu'elles se présentent comme les déclamations qu'on entend au théâtre, près de l'autel de Dionysos et qu'elles ne soient ni désagréables ni grêles, mais cadencées par le rythme, avec de l'ampleur, des modulations, des figures de style et un accompagnement de flûte !

23. « Cela étant, que dirons-nous au sujet des Pythies d'autrefois ? On dispose ici, à mon avis, de plus d'une réponse. Tout d'abord, comme je l'ai déjà fait observer[115], celles-là aussi s'exprimaient le plus souvent en prose. En second lieu, les hommes de cette époque avaient un tempérament naturellement doué d'une heureuse propension à la poésie ; leurs âmes étaient vite

---

la virginité de la Pythie, voir G. Sissa, *Le Corps virginal*, Paris, Vrin, 1984.

    113. Il s'agit de l'ornithomancie, la divination par les comportements, les signes et souvent les cris des oiseaux. Cf. A. Bouché-Leclercq, *op. cit.*, p.127-145.

    114. Voir *supra, Mor.*, 404B.

    115. Voir *supra, Mor.*, 403F.

ἐπεγίγνοντο προθυμίαι καὶ ὁρμαὶ καὶ παρασκευαὶ ψυχῆς,
ἑτοιμότηρα ποιοῦσαι μικρᾶς ἔξωθεν ἀρχῆς καὶ παρατροπῆς
τοῦ φανταστικοῦ δεομένην, ὡς εὐθὺς ἕλκεσθαι πρὸς τὸ
οἰκεῖον οὐ μόνον, ὡς λέγει Φιλῖνος, ἀστρολόγους καὶ
φιλοσόφους, ἀλλ' ἐν οἴνῳ τε πολλῷ καὶ πάθει γιγνομένων,
οἴκτου τινὸς ὑπορρυέντος ἢ χαρᾶς προσπεσούσης,
ὠλίσθανεν εἰς « ἐνῳδὸν ⟨ὀαριστὺς⟩ γῆρυν », ἐρωτικῶν τε
κατεπίμπλαντο μέτρων καὶ ᾀσμάτων τὰ συμπόσια καὶ τὰ
βιβλία γραμμάτων. Ὁ δ' Εὐριπίδης, εἰπὼν ὡς

« ποιητὴν Ἔρως διδάσκει, κἂν ἄμουσος ᾖ τὸ πρίν »,   F

ἐνενόησεν ὅτι ποιητικὴν καὶ μουσικὴν Ἔρως δύναμιν οὐκ
ἐντίθησιν, ἐνυπάρχουσαν δὲ κινεῖ καὶ ἀναθερμαίνει λαν-
θάνουσαν καὶ ἀργοῦσαν. Ἢ μηδένα νῦν ἐρᾶν, ὦ ξένε,
λέγωμεν, ἀλλὰ φροῦδον οἴχεσθαι τὸν Ἔρωτα, ὅτι μέτροις
οὐδεὶς οὐδ' ᾠδαῖς

« ῥίμφα παιδείους », ὡς Πίνδαρος ἔφη,   406
« τοξεύει μελιγάρυας ὕμνους » ;

Ἀλλ' ἄτοπον· ἔρωτες γὰρ ἔτι πολλοὶ τὸν ἄνθρωπον
ἐπιστρέφονται, ψυχαῖς ⟨δ'⟩ ὁμιλοῦντες οὐκ εὐφυῶς
οὐδ' ἑτοίμως πρὸς μουσικὴν ἐχούσαις ἄναυλοι μὲν καὶ
ἄλυροι, λάλοι δ' οὐδὲν ἧττόν εἰσι καὶ διάπυροι τῶν

prises d'ardeurs, d'élans, d'inspirations, et il se produisait en eux une disposition qui n'avait besoin pour naître que d'une légère impulsion venue de l'extérieur et d'un petit sursaut de l'imagination ; ce n'étaient pas seulement, comme le dit Philinos, les astronomes et les philosophes qui étaient ainsi entraînés rapidement vers leur langage habituel[116], mais, sous le coup de l'ivresse ou d'une vive émotion, sous l'influence soudaine d'un sentiment de douleur ou de joie, chacun se laissait aller, au milieu de ses amis, à "l'improvisation poétique"; les poésies et les chansons amoureuses remplissaient les festins et formaient la matière des livres. Quand Euripide a écrit :

"D'un rustre même Éros fait un poète[117]",

il n'a pas voulu dire qu'Éros introduit dans une âme le talent poétique et musical, mais que, lorsque ce talent s'y trouve caché et inactif, il l'excite et le ranime. Sinon il nous faudrait dire, cher hôte, qu'aujourd'hui il n'y a plus personne qui aime, et qu'Éros a disparu sans retour, puisque l'on ne compose plus de poésies ni de chants, et que l'on ne sait plus, comme dit Pindare,

"Lancer d'un trait vif en l'honneur des jeunes gens
Les hymnes doux comme le miel[118]."

Ce serait absurde, car l'homme continue à être agité par des sentiments amoureux, mais ceux-ci, tombant en des âmes dépourvues de dispositions naturelles pour la musique, n'éveillent ni le son de la flûte, ni celui de la lyre, bien qu'ils soient tout aussi loquaces et ardents que

116. Voir *supra*, *Mor.*, 402E-403A.

117. Euripide fr. 663 Nauck 2 (tragédie Sthénebée).

118. Pindare, *Isthmiques*, II, 3 (cf. Plutarque, *Sur les oracles de la Pythie*, 18, *Mor.*, 403 A).

παλαιῶν · ἔτι ⟨δ'⟩ οὐδ' ὅσιον εἰπεῖν ἢ καλὸν ὡς ἀνέραστος
ἦν ἡ Ἀκαδήμεια καὶ ὁ Σωκράτους καὶ Πλάτωνος χορός,
ὧν λόγοις μὲν ἐρωτικοῖς ἐντυχεῖν ἔστι, ποιήματα δ' οὐκ
ἀπολελοίπασι. Τί δ' ἀπολείπει τοῦ λέγοντος ἐρωτικὴν
μόνην γεγονέναι Σαπφὼ γυναικῶν, μαντικὴν ⟨ἀποφαίνων
ἂν μόνην⟩ γεγονέναι Σίβυλλαν καὶ Ἀριστονίκαν καὶ
ὅσαι διὰ μέτρων ἐθεμίστευσαν ; « Ὁ μὲν γὰρ οἶνος », ὡς B
ἔλεγε Χαιρήμων, « τοῖς τρόποις κεράννυται » τῶν πινόν-
των, ὁ δὲ μαντικὸς ἐνθουσιασμός, ὥσπερ ὁ ἐρωτικός,
χρῆται τῇ ὑποκειμένῃ δυνάμει καὶ κινεῖ τῶν δεξαμένων
ἕκαστον καθ' ὃ πέφυκεν.

24 « Οὐ μὴν ἀλλὰ καὶ τὸ τοῦ θεοῦ καὶ τῆς προνοίας
σκοποῦντες ὀψόμεθα πρὸς τὸ βέλτιον γεγενημένην τὴν
μεταβολήν. Ἀμοιβῇ γὰρ ἔοικε νομίσματος ἡ τοῦ λόγου
χρεία, καὶ δόκιμον καὶ αὐτοῦ τὸ σύνηθές ἐστι καὶ γνώριμον,
ἄλλην ἐν ἄλλοις χρόνοις ἰσχὺν λαμβάνοντος. Ἦν οὖν
ὅτε λόγου νομίσμασιν ἐχρῶντο μέτροις καὶ μέλεσι καὶ
ᾠδαῖς, πᾶσαν μὲν ἱστορίαν καὶ φιλοσοφίαν, πᾶν δὲ πάθος
ὡς ἁπλῶς εἰπεῖν καὶ πρᾶγμα σεμνοτέρας φωνῆς δεόμενον
εἰς ποιητικὴν καὶ μουσικὴν ἄγοντες. Οὐ γὰρ μόνον νῦν C
⟨μὲν⟩ ὀλίγοι μόλις ἐπαΐουσι, τότε δὲ πάντες ἠκροῶντο
καὶ ἔχαιρον ἀδομένοις « ⟨μηλοβόται τ'⟩ ἀρόται τ' ὀρνι-
χολόχοι τε » κατὰ Πίνδαρον · ἀλλ' ὑπὸ τῆς πρὸς ποιητικὴν

ceux d'autrefois. Par ailleurs, il serait inconvenant ou même sacrilège de prétendre que l'Académie, Socrate, Platon et leur cercle de disciples ignoraient l'amour ; cependant, bien qu'ils aient tenu sur l'amour les entretiens que l'on sait, ils n'ont pas laissé de poèmes. Ne peux-tu tout aussi bien soutenir qu'il n'a jamais existé d'autre amoureuse que Sapho, si tu prétends réserver le titre de prophétesse à la Sibylle, à Aristonica[119] et aux seules Pythies dont les oracles étaient rendus en vers ? Car si, dans l'ivresse, comme disait Chairémon[120], "l'humeur du vin se mêle" à celle des buveurs, l'enthousiasme prophétique, de même que l'enthousiasme amoureux, se contente d'utiliser les facultés que possède le sujet et d'agir sur ceux qui l'éprouvent selon la nature de chacun.

24. « D'ailleurs, au point de vue du dieu et de sa prévoyance, nous verrons que le changement survenu a été une amélioration. L'emploi du langage ressemble à la circulation de la monnaie : lui aussi, c'est l'usage habituel et familier qui le consacre, et sa valeur diffère selon les époques. Il fut donc un temps où ce qui avait cours, en fait de monnaies du langage, c'étaient les vers, la musique et les chants ; l'histoire et la philosophie tout entières et, en un mot, toute expression de sentiments et d'actions qui demandent un style un peu élevé, passaient dans le domaine de la poésie et de la musique. Car non seulement, tandis qu'il reste à peine aujourd'hui quelques connaisseurs, tout le monde alors, "les pâtres, les laboureurs, les oiseleurs", comme dit Pindare[121],

---

119. Sur la Sibylle delphique, voir *supra* n. 41. Sur la Pythie d'Aristonica, cf. Hérodote, VII, 140.

120. Chairémon (fr. 16 Nauck 2), poète tragique de la fin du ve av. J.-C.

121. Pindare, *Isthmiques*, I, 48.

ἐπιτηδειότητος οἱ πλεῖστοι διὰ λύρας καὶ ᾠδῆς ἐνουθέτουν, ἐπαρρησιάζοντο, παρεκελεύοντο, μύθους καὶ παροιμίας ἐπέραινον, ἔτι δ' ὕμνους θεῶν, εὐχάς, παιᾶνας ἐν μέτροις ἐποιοῦντο καὶ μέλεσιν, οἱ μὲν δι' εὐφυΐαν, οἱ δὲ διὰ συνήθειαν. Οὐκοῦν οὐδὲ μαντικῇ κόσμου καὶ χάριτος ἐφθόνει ὁ θεὸς οὐδ' ἀπήλαυνεν ἐνθένδε τιμωμένην μοῦσαν τοῦ τρίποδος, ἀλλ' ἐπήγετο μᾶλλον, ἐγείρων τὰς ποιητικὰς ⟨καὶ⟩ ἀσπαζόμενος φύσεις, αὐτός τε φαντασίας ἐνεδίδου καὶ συνεξώρμα τὸ σοβαρὸν καὶ λόγιον ὡς ἁρμόττον καὶ D θαυμαζόμενον. Ἐπεὶ δέ, τοῦ βίου μεταβολὴν ἅμα ταῖς τύχαις καὶ ταῖς φύσεσι λαμβάνοντος, ἐξωθοῦσα τὸ περιττὸν ἡ χρεία κρωβύλους τε χρυσοῦς ἀφῄρει καὶ ξυστίδας μαλακὰς ἀπημφίαζε καί που καὶ κόμην σοβαρωτέραν ἀπέκειρε καὶ ὑπέλυσε κόθορνον, οὐ φαύλως ἐθιζομένων ἀντικαλλωπίζεσθαι πρὸς τὴν πολυτέλειαν εὐτελείᾳ καὶ τὸ ἀφελὲς καὶ λιτὸν ἐν κόσμῳ τίθεσθαι μᾶλλον ἢ τὸ σοβαρὸν καὶ περίεργον, οὕτω τοῦ λόγου συμμεταβάλ- E λοντος ἅμα καὶ συναποδυομένου, κατέβη μὲν ἀπὸ τῶν μέτρων ὥσπερ ὀχημάτων ἡ ἱστορία καὶ τῷ πεζῷ μάλιστα τοῦ μυθώδους ἀπεκρίθη τὸ ἀληθές· φιλοσοφία δὲ τὸ

écoutaient chanter avec ravissement, mais, par suite de cette aptitude à la poésie, c'était de la lyre et du chant que l'on se servait le plus souvent pour adresser des réprimandes, exprimer librement un avis ou une exhortation, tourner des apologues et des maximes ; enfin, les hymnes, les prières, les péans en l'honneur des dieux, c'est aussi en vers et en musique qu'ils étaient composés grâce à un talent naturel ou à une habitude acquise. Aussi Apollon ne refusait-il pas non plus à la divination les ornements et les grâces et, bien loin d'écarter d'ici et de son trépied une Muse qui s'y trouvait en honneur, il la favorisait plutôt, en suscitant et en recherchant les dispositions naturelles à la poésie ; lui-même il nourrissait les imaginations et il encourageait en même temps le style éloquent et sublime, comme étant approprié et comme attirant l'admiration. Mais il survint dans le cours des choses et dans les tempéraments des hommes un changement qui modifia la manière de vivre ; l'usage, bannissant le superflu, supprimait les coiffures aux épingles d'or, les longues tuniques moelleuses[122] ; c'est lui sans doute, qui fit couper les chevelures trop fières et qui dénoua le cothurne ; on prit la bonne habitude, en fait d'élégance, de ne rivaliser avec le luxe que par la simplicité et de considérer l'absence de recherche et d'affectation comme un ornement supérieur au faste et au raffinement. Le langage subit la même transformation et le même dépouillement : l'Histoire descendit de la poésie comme d'un char[123], et c'est surtout grâce à la prose, et en allant à pied, qu'elle sépara la vérité de la légende ; la Philosophie, maintenant, préférait éclairer et

---

122. Voir Thucydide, I, 5, 3, où il est question des longues robes de lin et des cigales d'or qui ornaient les nattes de cheveux des Athéniens et des Ioniens, ou bien I, 6, 3, où Périclès dans son éloge à Athènes, fait louange des vertus de la simplicité et de l'esprit sans faiblesse.

123. Les déesses descendant de char étaient souvent représentées, comme à Delphes : Aphrodite sur la frise ouest de trésor de Siphnos.

σαφὲς καὶ διδασκαλικὸν ἀσπασαμένη μᾶλλον ἢ τὸ
ἐκπλῆττον διὰ λόγων ἐποιεῖτο τὴν ζήτησιν· ἀπέπαυσε
δὲ τὴν Πυθίαν ὁ θεὸς «πυρικάους» μὲν ὀνομάζουσαν
τοὺς αὑτῆς πολίτας, «ὀφιοβόρους» δὲ τοὺς Σπαρτιάτας,
«ὀρεᾶνας» δὲ τοὺς ἄνδρας, «ὀρεμπότας» δὲ τοὺς
ποταμούς· ἀφελὼν δὲ τῶν χρησμῶν ἔπη καὶ γλώσσας καὶ
περιφράσεις καὶ ἀσάφειαν, οὕτω διαλέγεσθαι παρεσκεύασε
τοῖς χρωμένοις ὡς νόμοι τε πόλεσι διαλέγονται καὶ βασιλεῖς F
ἐντυγχάνουσι δήμοις καὶ μαθηταὶ διδασκάλων ἀκροῶνται,
πρὸς τὸ συνετὸν καὶ πιθανὸν ἁρμοζόμενος.

25   « Εὖ γὰρ εἰδέναι χρὴ τὸν θεόν, ὥς φησι Σοφοκλῆς,

« σοφοῖς μὲν αἰνικτῆρα θεσφάτων ἀεί,
   σκαιοῖς δὲ φαῦλον κἂν βραχεῖ διδάσκαλον. »

Μετὰ δὲ τῆς σαφηνείας καὶ ἡ πίστις οὕτως ἐστρέφετο
συμμεταβάλλουσα τοῖς ἄλλοις πράγμασιν, ὥστε πάλαι μὲν 40?
τὸ μὴ σύνηθες μηδὲ κοινὸν ἀλλὰ λοξὸν ἀτεχνῶς καὶ περι-
πεφρασμένον εἰς ὑπόνοιαν θειότητος ἀνάγοντας ἐκπλήτ-
τεσθαι καὶ σέβεσθαι τοὺς πολλούς, ὕστερον δὲ τὸ σαφῶς
καὶ ῥᾳδίως ἕκαστα καὶ μὴ σὺν ὄγκῳ μηδὲ πλάσματι
μανθάνειν ἀγαπῶντες ἠτιῶντο τὴν περικειμένην τοῖς
χρησμοῖς ποίησιν, οὐ μόνον ὡς ἀντιπράττουσαν τῇ
νοήσει πρὸς τὸ ἀληθὲς ἀσάφειάν τε καὶ σκιὰν τῷ φραζο-
μένῳ μιγνύουσαν, ἀλλ' ἤδη καὶ τὰς μεταφορὰς καὶ τὰ
αἰνίγματα καὶ τὰς ἀμφιβολίας, ὥσπερ μυχοὺς καὶ κατα- B
φυγὰς ἐνδύεσθαι καὶ ἀναχωρεῖν τῷ πταίοντι πεποιημένας
τῆς μαντικῆς, ὑφεωρῶντο. Πολλῶν δ' ἦν ἀκούειν ὅτι

instruire plutôt qu'éblouir, et ne faisait plus ses recherches qu'en prose. Alors le dieu voulut que la Pythie cessât d'appeler ses concitoyens "brûle-feu", les Spartiates "mangeurs de serpents", les hommes "habitants des hauteurs" et les fleuves "buveurs des montagnes[124]". En ôtant, aux oracles les vers, les grands mots, les périphrases et l'obscurité, il disposa la Pythie à parler aux consultants un langage analogue à celui que les lois tiennent aux cités, les souverains à leurs peuples, ou que les disciples entendent de leurs maîtres ; enfin il n'eut en vue que d'être compris et cru.

25. Mais il faut bien se souvenir de ce que dit Sophocle :

"Le sage entend toujours les énigmes du dieu ;
Pour les sots, ses leçons, même claires, sont vaines[125]."

Avec cette clarté des oracles, il s'est produit à leur sujet, dans l'opinion, une évolution parallèle aux autres changements : autrefois leur style étrange et singulier, tout à fait ambigu et périphrastique, était un motif de croire à leur caractère divin pour la foule qu'il remplissait d'admiration et d'un religieux respect ; mais plus tard on aima apprendre chaque chose clairement et facilement, sans emphase ni recherche de style, et l'on accusa la poésie qui entourait les oracles de s'opposer à la connaissance de la vérité, en mêlant de l'obscurité et de l'ombre aux révélations du dieu ; même l'on suspectait déjà les métaphores, les énigmes, les équivoques d'être pour la divination comme des échappatoires et des refuges ménagés pour permettre au devin de s'y retirer et de s'y cacher en cas d'erreur. On pouvait entendre dire à

124. On a rapproché l'hapax *orempopas* de l'épithète cultuelle de Zeus *Orompapas*, attestée chez les Énianes (R. Flacelière).
125. Trimètres d'une tragédie perdue de Sophocle (fr. 704 Nauck).

ποιητικοί τινες ἄνδρες ἐκδεχόμενοι τὰς φωνὰς καὶ ὑπολαμ-
βάνοντες ἐπικάθηνται περὶ τὸ χρηστήριον, ἔπη καὶ μέτρα
καὶ ῥυθμοὺς οἷον ἀγγεῖα τοῖς χρησμοῖς ἐκ τοῦ προστυ-
χόντος περιπλέκοντες. Ὀνομάκριτοι δ' ἐκεῖνοι καὶ Πρόδικοι
καὶ Κιναίθωνες ὅσην αἰτίαν ἠνέγκαντο τῶν χρησμῶν, ὡς
τραγῳδίαν αὐτοῖς καὶ ὄγκον οὐθὲν δεομένοις προσθέντες,
ἑῶ λέγειν οὐδὲ προσίεμαι τὰς διαβολάς. Πλείστης μέντοι
ποιητικὴν ἐνέπλησεν ἀδοξίας τὸ ἀγυρτικὸν καὶ ἀγοραῖον C
καὶ περὶ τὰ Μητρῷα καὶ Σαραπεῖα βωμολοχοῦν καὶ
πλανώμενον γένος, οἱ μὲν αὐτόθεν, οἱ δὲ κατὰ κλῆρον ἔκ
τινων γραμματείων χρησμοὺς περαίνοντες οἰκέταις καὶ
γυναίοις ὑπὸ τῶν μέτρων ἀγομένοις μάλιστα καὶ τοῦ
ποιητικοῦ τῶν ὀνομάτων· ὅθεν οὐχ ἥκιστα ποιητικὴ
δοκοῦσα κοινὴν ἐμπαρέχειν ἑαυτὴν ἀπατεῶσι καὶ γόησιν
ἀνθρώποις καὶ ψευδομάντεσιν ἐξέπεσε τῆς ἀληθείας καὶ
τοῦ τρίποδος.

26   « Οὐ τοίνυν θαυμάσαιμ' ἄν, εἰ διπλόης τινὸς ἔδει
καὶ περιαγωγῆς καὶ ἀσαφείας ἔστιν ὅτε τοῖς παλαιοῖς. D
Οὐ γὰρ ὁ δεῖνα μὰ Δία κατέβαινε περὶ ὠνῆς ἀνδραπόδου
χρησόμενος οὐδ' ὁ δεῖνα περὶ ἐργασίας, ἀλλὰ πόλεις
μέγα δυνάμεναι καὶ βασιλεῖς καὶ τύραννοι μέτριον οὐθὲν

126. Le seul nom connu dans les manuscrits est celui
d'Onomacritos l'Athénien. Il vécut à Athènes à la fin du VIᵉ av. J.-C.:
c'était un chresmologue (« celui qui rend les oracles », Hérodote, I,
62 ; « qui interprète l'oracle », Hérodote, VII, 142-143) et l'auteur
d'écrits et de poèmes homériques. Prodicos et Khinaithon sont peu
connus dans l'Antiquité. On leur attribuait des écrits orphiques.
127. La « Mère des Dieux » ou Cybèle était une divinité d'origine
orientale, parfois associée à Rhea (voir Ph. Borgeaud, La Mère des

bien des gens que des versificateurs étaient établis auprès du sanctuaire prophétique, qui recueillaient les réponses, s'en emparaient et tressaient à l'instant même autour des oracles, pour les y enfermer comme en des vases, les mètres et les rythmes des vers. Quelle fut, en matière d'oracles, la responsabilité de ces Onomacritos[126], de ces Prodicos, de ces Kinaithon, accusés de leur avoir imposé un style tragique et emphatique dont ils n'avaient nul besoin, je le passerai sous silence et je n'examinerai pas ces griefs. Mais, ce qui a le plus discrédité la poésie, c'est cette tourbe de charlatans et de bateleurs, de mendiants et de vagabonds qui avoisine les sanctuaires de la Mère des Dieux et de Sarapis[127]; les uns disent la bonne aventure instantanément, d'autres après avoir tiré au sort des tablettes, et ils s'adressent à un public de valets et de femmes du commun que séduisent particulièrement les vers et les expressions poétiques[128]. C'est surtout pour cela, en se montrant au service de n'importe qui, des fourbes, des imposteurs et des faux devins, que la poésie a perdu son caractère véridique et a été bannie du trépied.

26. Je ne saurais m'étonner, certes, que l'on ait eu besoin parfois, dans l'ancien temps, de quelque ambiguïté, de détours et d'obscurité. Car, par Zeus ! ce n'était pas tel ou tel qui descendait consulter l'oracle sur l'achat d'un esclave ou sur quelque entreprise[129], mais des cités très puissantes, des rois, des tyrans aux vastes ambitions,

dieux, Paris, Seuil, 1996). Sarapis était une divinité gréco-égyptienne de l'au-delà, connue pour ses attributs solaires et ses pouvoirs thaumaturgiques.

128. La cléromancie est la divination par les sorts, pratiquée en tirant au hasard des tablettes, pierres ou morceaux de bois. Voir A. Bouché-Leclercq, *op. cit.*, 1, p. 188-197, et F. Cordano et C. Grottanelli, *Sorteggio pubblico e cleromanzia*, Milan, ET, 2001.

129. Voir *infra, Mor.*, 408 C.

φρονοῦντες ἐνετύγχανον τῷ θεῷ περὶ πραγμάτων ⟨οὐ
φαύλων⟩ · οὓς ἀνιᾶν καὶ παροξύνειν ἀπεχθείᾳ πολλὰ τῶν
ἀβουλήτων ἀκούοντας οὐκ ἐλυσιτέλει τοῖς περὶ τὸ χρηστήριον. Οὐ πείθεται γὰρ ὁ θεὸς ὥσπερ νομοθετοῦντι τῷ
Εὐριπίδῃ [καὶ] λέγοντι ·

« Φοῖβον ἀνθρώποις μόνον
χρῆν θεσπιῳδεῖν »,

χρώμενος δὲ θνητοῖς ὑπηρέταις καὶ προφήταις, ὧν
κήδεσθαι προσήκει καὶ φυλάττειν, ὅπως ὑπ' ἀνθρώπων Ε
οὐκ ἀπολοῦνται πονηρῶν θεῷ λατρεύοντες, ἀφανίζειν
μὲν οὐ θέλων τὸ ἀληθές, παρατρέπων δὲ τὴν δήλωσιν
αὐτοῦ καθάπερ αὐγὴν ἐν τῇ ποιητικῇ πολλὰς ἀνακλάσεις
λαμβάνουσαν καὶ πολλαχοῦ περισχιζομένην, ἀφῄρει τὸ
ἀντίτυπον αὐτοῦ καὶ σκληρόν. Ἦν δ' ἄρ' ἃ καὶ ⟨συνέφερε⟩
τυράννους ἀγνοῆσαι καὶ πολεμίους μὴ προαισθέσθαι ·
τούτοις οὖν περιέβαλεν ὑπονοίας καὶ ἀμφιλογίας, αἳ
πρὸς ἑτέρους ἀποκρύπτουσαι τὸ φραζόμενον οὐ διέφευγον
αὐτοὺς οὐδὲ παρεκρούοντο τοὺς δεομένους καὶ προσέ-
χοντας. Ὅθεν εὐηθέστατός ἐστιν ὁ τῶν πραγμάτων ἑτέρων
γεγονότων, εἰ μηκέτι τὸν αὐτὸν ἡμῖν τρόπον, ἀλλ' ἕτερον Φ
οἴεται δεῖν βοηθεῖν ὁ θεός, ἐγκαλῶν καὶ συκοφαντῶν.

27   « Ἔτι τοίνυν οὐθὲν ἀπὸ ποιητικῆς λόγῳ χρησιμώ-
τερον ὑπάρχει τοῦ δεθέντα μέτροις τὰ φραζόμενα καὶ
συμπλακέντα μᾶλλον μνημονεύεσθαι καὶ κρατεῖσθαι.
Τοῖς μὲν οὖν τότε πολλὴν ἔδει μνήμην παρεῖναι · πολλὰ

qui s'adressaient au dieu pour des affaires d'importance :
les fâcher, les irriter par des réponses contraires à leurs
désirs n'était pas sans inconvénient pour les ministres de
l'oracle. Le dieu, en effet, n'obéit pas à cette loi que veut
poser Euripide :

> "Nul autre que Phoibos
> Ne devrait rendre aux hommes les oracles[130]";

il se sert de mortels comme serviteurs et comme
prophètes, et il lui convient donc de veiller sur eux et de
prendre garde qu'en remplissant leur ministère ils ne
périssent victimes d'hommes criminels. Pour cela, le
dieu, sans consentir à cacher la vérité, la manifeste d'une
manière détournée : en la mettant sous forme poétique –
comme l'on ferait d'un rayon lumineux en le réfléchis-
sant et en le divisant plusieurs fois –, il lui enlève ce
qu'elle a de blessant et de dur. Parmi les révélations
faites aux peuples, il en était aussi qu'il importait de
dissimuler à leurs tyrans et de ne pas dévoiler à leurs
ennemis avant l'événement : aussi les entourait-il d'équivoques et de circonlocutions, qui dérobaient le sens de
l'oracle aux autres sans échapper toutefois aux intéressés
et sans les abuser, lorsqu'ils s'appliquaient à
comprendre. Il est, par conséquent, absurde de blâmer le
dieu et de le calomnier, si, maintenant que les circonstances sont devenues toutes différentes, il croit devoir
employer pour nous venir en aide non plus la même
méthode, mais une autre.

27. « Il y a plus : l'avantage le plus grand que la
poésie confère à l'expression, c'est que, grâce aux
mètres dans lesquels se trouve enfermée et enserrée la
pensée, il est plus facile de faire entrer celle-ci dans l'esprit et de la retenir. Or, quelle puissante mémoire ne

---

130. Euripide, *Phéniciennes*, v. 958 sq.

γὰρ ἐφράζετο καὶ τόπων σημεῖα, καὶ πράξεων καιροὶ καὶ
θεῶν ἱερὰ διαποντίων καὶ ἡρώων ἀπόρρητοι θῆκαι καὶ
δυσεξεύρετοι μακρὸν ἀπαίρουσι τῆς Ἑλλάδος. Ἴστε
γὰρ τὸν Χῖον καὶ Κρητίνην καὶ Γνησίοχον καὶ Φάλανθον 408
ἄλλους τε πολλοὺς ἡγεμόνας στόλων ὅσοις ἔδει τεκμηρίοις
ἀνευρεῖν τὴν δεδομένην ἑκάστῳ καὶ προσήκουσαν ἵδρυσιν ·
ὧν ἔνιοι καὶ διημάρτανον, ὥσπερ Βάττος. Ἔδοξε γὰρ
ἐκπεσεῖν οὐ καταλαβὼν ἐφ᾽ ὃν ἐπέμφθη τόπον · εἶθ᾽ ἧκε
δεύτερον ποτνιώμενος · ὑπειπὼν οὖν ὁ θεός ·

« αἱ τὺ ἐμεῦ Λιβύαν μαλοτρόφον οἶσθας ἄρειον,
    μὴ ἐλθὼν ἐλθόντος, ἄγαν ἄγαμαι σοφίην σεῦ »,

οὕτω πάλιν αὐτὸν ἐξέπεμψε. Λύσανδρος δὲ καὶ παντάπασιν
ἀγνοήσας τὸν Ὀρχαλίδην λόφον καὶ Ἀλώπεκον προσα-
γορευόμενον καὶ τὸν Ὁπλίτην ποταμὸν

« γῆς τε δράκονθ᾽ υἱὸν δόλιον κατόπισθεν ἰόντα »,

μάχῃ κρατηθεὶς ἔπεσεν ἐν τοῖς τόποις ἐκείνοις ὑπὸ B
Νεοχώρου Ἁλιαρτίου, ἀνδρὸς ἀσπίδα φοροῦντος ἐπίσημον
ὄφιν ἔχουσαν. Ἄλλα δὲ τοιαῦτα πολλὰ δυσκάθεκτα

131. Noms douteux. Teucros est le fils de Télamon et le fondateur
de la ville de Salamine. Crétinès et Phalanthos demeurent inconnus.
Phalanthos est peut-être le fondateur de Tarente.

fallait-il pas aux hommes de ces temps-là! Que d'indica-
tions leur étaient données sur les moyens d'identifier les
lieux, sur les moments propices à leurs entreprises, sur
les sacrifices à faire aux dieux d'outre-mer, sur les monuments des héros dont les emplacements étaient secrets et
bien difficiles à trouver dans des régions si éloignées de
la Grèce ! Car vous connaissez ce qui concerne Chios,
Crétinès, Gnésiochos, Phalanthos[131] et beaucoup d'autres
chefs d'expéditions : de combien d'indices ils devaient
faire état afin de trouver le lieu attribué et fixé à chacun
d'eux pour y fonder sa colonie ! Quelques-uns même s'y
trompèrent, comme Battos ; il crut s'être écarté du
chemin, n'ayant pas trouvé l'endroit vers lequel il était
envoyé, et il revint implorer l'oracle. Le dieu lui fit
entendre ainsi sa pensée :

> "Si, sans y être allé, tu connais mieux que moi,
> Qui la parcourus, la Libye aux gras troupeaux,
> J'admire ton génie[132]!",

et il le renvoya de cette manière pour une seconde expédition. De même Lysandre se méprit complètement au
sujet de la colline d'Orchalos, appelée aussi colline des
Renards, du fleuve Hoplite,

> "et du fils de la Terre,
> Du dragon, qui survient en traître, par derrière",

et ce fut dans ces lieux qu'il périt, vaincu au combat par
Néochoros d'Haliarte, guerrier dont le bouclier avait
pour emblème un serpent[133]. Parmi les oracles anciens, il
y en a beaucoup d'autres du même genre, aussi difficiles

---

132. Sur Battos, fondateur de Cyrène, et cet oracle (= 39 Parke-
Wormell), voir Hérodote, IV, 157 (v. *supra* n. 106).
133. Cf. Plutarque, *Lysandre*, 29, 5-12.

καὶ δυσμνημόνευτα τῶν παλαιῶν διεξιέναι πρὸς ὑμᾶς
εἰδότας οὐκ ἀναγκαῖόν ἐστι.

28 « Τὰ δὲ νῦν πράγματα καθεστῶτα, περὶ ὧν ἐρωτῶσι
τὸν θεόν, ἀγαπῶ μὲν ἔγωγε καὶ ἀσπάζομαι · πολλὴ γὰρ
εἰρήνη καὶ ἡσυχία, πέπαυται δὲ πόλεμος, καὶ πλάναι καὶ
στάσεις οὐκ εἰσὶν οὐδὲ τυραννίδες, οὐδ' ἄλλα νοσήματα
καὶ κακὰ τῆς Ἑλλάδος ὥσπερ πολυφαρμάκων δυνάμεων C
χρήζοντα καὶ περιττῶν. Ὅπου δὲ ποικίλον οὐδὲν οὐδ'
ἀπόρρητον οὐδὲ δεινόν, ἀλλ' ἐπὶ πράγμασι μικροῖς καὶ
δημοτικοῖς ἐρωτήσεις οἷον ἐν σχολῇ προτάσεις « εἰ
γαμητέον », « εἰ πλευστέον », « εἰ δανειστέον », τὰ δὲ
μέγιστα πόλεων μαντεύματα φορᾶς καρπῶν πέρι καὶ
βοτῶν ἐπιγονῆς καὶ σωμάτων ὑγείας, ἐνταῦθα περιβάλλειν
μέτρα καὶ πλάττειν περιφράσεις καὶ γλώσσας ἐπάγειν
πύσμασιν ἁπλῆς καὶ συντόμου δεομένοις ἀποκρίσεως,
ἔργον ἐστὶ φιλοτίμου σοφιστοῦ καλλωπίζοντος ἐπὶ δόξῃ
χρηστήριον · ἡ δὲ Πυθία καὶ καθ' αὑτὴν μέν ἐστι γενναία
τὸ ἦθος, ὅταν δ' ἐκεῖ κατέλθῃ καὶ γένηται παρὰ τῷ θεῷ,
πλέον ⟨οὐδὲν αὐτῷ γ'⟩ ἢ ἐκείνῃ μέλει δόξης καὶ ἀνθρώπων
ἐπαινούντων ἢ ψεγόντων.

134. À l'époque de Plutarque apparaissent deux grandes catégories de consultations. Dans le premier cas, un individu demande à être
rassuré sur un problème d'ordre personnel. Dans le second, il est question d'arbitrage de problèmes de politique tant intérieure qu'exté-

à se graver dans l'esprit qu'à conserver dans la mémoire ; vous les connaissez, il est inutile que je vous les énumère.

28. « Mais aujourd'hui, les affaires pour lesquelles on consulte le dieu dénotent une tranquillité dont, pour ma part, je me réjouis et me félicite ; car il règne une grande paix et un grand calme ; toute guerre a cessé ; on ne voit plus d'émigrations ni de révoltes, plus de tyrannies, plus de ces autres maladies et fléaux de la Grèce qui réclamaient en quelque sorte l'action de remèdes nombreux et extraordinaires. Pour l'oracle, plus rien de compliqué, de secret, ni de redoutable : les questions qu'on lui adresse, comme les sujets proposés à l'école, portent sur les petites préoccupations de chacun ; on lui demande si l'on doit se marier, faire telle traversée, prêter de l'argent, et les consultations les plus importantes des cités ont trait à la récolte, à l'élevage, à la santé[134] : dès lors, ajuster des vers, faire des périphrases, introduire des termes poétiques à propos de questions qui ne demandent qu'une réponse simple et courte, c'est le propre d'un pédant prétentieux qui enjolive un oracle[135] par gloriole ; mais la Pythie, pour sa part, a un noble caractère, et, lorsqu'elle descend là et qu'elle s'approche du dieu, ce n'est certes pas lui qui se préoccupe, plus qu'elle, de la gloriole, ni de la louange ou du blâme des hommes.

rieure. Cf. notamment R. Parker, « Greek States and Greek Oracles », in P. A. Cartledge et F. D. Harvey (éd.), *Crux : Essays Presented to G. E. M. de Ste Croix on his 75th Birthday*, Londres, Sidmouth, 1985, p. 298-326.

135. *Chresterion* peut désigner soit le lieu de l'oracle (*Hymne à Apollon*, 81 et 214 ; Hésiode fr. 134.6 Rzach), soit la réponse oraculaire (Hérodote, I, 63).

29 « Ἔδει δ' ἴσως καὶ ἡμᾶς ἔχειν οὕτως · νῦν δ' ὥσπερ D ἀγωνιῶντες καὶ δεδιότες μὴ χιλίων ἐτῶν ἀποβάλῃ δόξαν ὁ τόπος καὶ τοῦ χρηστηρίου καθάπερ σοφιστοῦ διατριβῆς ἀποφοιτήσωσιν ἔνιοι καταφρονήσαντες, ἀπολογούμεθα καὶ πλάσσομεν αἰτίας καὶ λόγους ὑπὲρ ὧν οὔτ' ἴσμεν οὔτ' εἰδέναι προσῆκον ἡμῖν ἐστι, παραμυθούμενοι τὸν ἐγκαλοῦντα καὶ πείθοντες, οὐ χαίρειν ἐῶντες ·

« αὐτῷ » γάρ « οἱ πρῶτον ἀνιηρέστερον ἔσται »

τοιαύτην ἔχοντι περὶ τοῦ θεοῦ δόξαν, ὥστε ταυτὶ μὲν τὰ προγεγραμμένα τῶν σοφῶν, τὸ « γνῶθι σαυτόν » καὶ τὸ E « μηδὲν ἄγαν », ἀποδέχεσθαι καὶ θαυμάζειν οὐχ ἥκιστα διὰ τὴν βραχυλογίαν ὡς πυκνὸν καὶ σφυρήλατον νοῦν ἐν ὀλίγῳ περιέχουσαν ὄγκῳ, τοὺς δὲ χρησμοὺς ὅτι συντόμως καὶ ἁπλῶς καὶ δι' εὐθείας τὰ πλεῖστα φράζουσιν αἰτιᾶσθαι · καὶ τὰ τοιαῦτα μὲν ἀποφθέγματα τῶν σοφῶν ταὐτὸν τοῖς εἰς στενὸν συνθλιβεῖσι πέπονθε ῥεύμασιν · οὐ γὰρ ἔχει τοῦ νοῦ δίοψιν οὐδὲ ⟨διαύγειαν⟩, ἀλλ' ἐὰν σκοπῇς τί γέγραπται καὶ λέλεκται περὶ αὐτῶν τοῖς ὅπως ἕκαστον ἔχει βουλομένοις καταμαθεῖν, οὐ ῥᾳδίως τούτων λόγους F ἑτέρους εὑρήσεις μακροτέρους · ἡ δὲ τῆς Πυθίας διάλεκτος, ὥσπερ οἱ μαθηματικοὶ γραμμὴν εὐθεῖαν καλοῦσι τὴν ἐλαχίστην τῶν τὰ αὐτὰ πέρατα ἐχουσῶν, οὕτως οὐ ποιοῦσα καμπὴν οὐδὲ κύκλον οὐδὲ διπλόην οὐδ' ἀμφιβολίαν, ἀλλ' εὐθεῖα πρὸς τὴν ἀλήθειαν οὖσα, πρὸς δὲ πίστιν ἐπισφαλὴς καὶ ὑπεύθυνος οὐδένα καθ' αὑτῆς ἔλεγχον ἄχρι

29. « Il nous faudrait sans doute avoir, nous aussi, le même état d'esprit. Mais non ! comme si nous étions tourmentés par la crainte de voir ce lieu perdre une gloire vieille de mille ans et certaines gens déserter l'oracle avec mépris comme l'on quitte l'école d'un sophiste, nous en faisons l'apologie, nous forgeons des arguments et des raisons en des matières que nous ne connaissons pas et qu'il ne nous appartient pas de connaître ; nous essayons d'apaiser et de convaincre le détracteur de l'oracle, au lieu de l'envoyer promener,

car "c'est à lui d'abord qu'il en cuira le plus[136]",

s'il se forme une semblable opinion du dieu ; les inscriptions dues aux sages : "Connais-toi toi-même", "Rien de trop", il les approuve et les admire surtout à cause de leur concision, pour enfermer en si peu de mots un sens compact et dense, mais au contraire, si les oracles signifient tant de choses d'une manière courte, simple et directe, il leur en fait grief ! Or, ces apophtegmes des sages ressemblent à des cours d'eau resserrés dans un lit étroit : ils ne sont pas diaphanes et transparents pour le sens, et, si tu examines ce qu'en ont dit et écrit les commentateurs désireux d'approfondir chacun d'eux, tu verras que leurs explications sont d'une longueur sans égale, tandis que le langage de la Pythie rappelle la définition que donnent de la ligne droite les mathématiciens[137] : la plus courte qui soit entre deux points donnés ; ignorant les détours et les sinuosités du style, les équivoques et les ambiguïtés, il est orienté droit vers la vérité, et, bien qu'exposé à perdre son crédit puisqu'il est soumis à l'épreuve des faits, il n'a donné jusqu'à présent

---

136. Homère, *Odyssée*, II, 190.
137. La métaphore géométrique comme modèle du discours, notamment oraculaire, est également utilisée par le poète grec Théognis (545, 805-6, 945).

νῦν παραδέδωκεν, ἀναθημάτων δὲ καὶ δώρων ἐμπέπληκε
βαρβαρικῶν καὶ ἑλληνικῶν τὸ χρηστήριον, οἰκοδομη-
μάτων δὲ ⟨κατακεκόσμηκε⟩ κάλλεσι καὶ κατασκευαῖς   409
ἀμφικτυονικαῖς. Ὁρᾶτε δήπουθεν αὐτοὶ πολλὰ μὲν
ἐπεκτισμένα τῶν πρότερον οὐκ ὄντων, πολλὰ δ' ἀνειλημ-
μένα τῶν συγκεχυμένων καὶ διεφθαρμένων. Ὡς δὲ τοῖς
εὐθαλέσι τῶν δένδρων ἕτερα παραβλαστάνει, καὶ τοῖς
Δελφοῖς ἡ Πυλαία συνηβᾷ καὶ συναναβόσκεται, διὰ τὰς
ἐντεῦθεν εὐπορίας σχῆμα λαμβάνουσα καὶ μορφὴν καὶ
κόσμον ἱερῶν καὶ συνεδρίων καὶ ὑδάτων οἷον ἐν χιλίοις
ἔτεσι τοῖς πρότερον οὐκ ἔλαβεν. Οἱ μὲν οὖν περὶ τὸ
Γαλάξιον τῆς Βοιωτίας κατοικοῦντες ᾔσθοντο τοῦ θεοῦ
τὴν ἐπιφάνειαν ἀφθονίᾳ καὶ περιουσίᾳ γάλακτος ·   B

« προβάτων γὰρ ἐκ πάντων κελάρυξεν,
  ὡς ἀπὸ κρανᾶν φέρτατον ὕδωρ,
  θήλεον γάλα · τοὶ δ' ἐπίμπλαν ἐσσύμενοι πίθους ·
  ἀσκὸς οὔτε τις ἀμφορεὺς ἐλίνυεν δόμοις,
  πέλλαι δὲ ξύλιναι πίθοι ⟨τε⟩ πλῆσθεν ἅπαντες » ·

ἡμῖν δὲ λαμπρότερα καὶ κρείττονα καὶ σαφέστερα σημεῖα
τούτων ἀναδίδωσιν, ὥσπερ ἐξ αὐχμοῦ τῆς πρόσθεν ἐρημίας
καὶ πενίας εὐπορίαν καὶ λαμπρότητα καὶ τιμὴν πεποιηκώς.
Καίτοι φιλῶ μὲν ἐμαυτὸν ἐφ' οἷς ἐγενόμην εἰς τὰ πράγματα
ταῦτα πρόθυμος καὶ χρήσιμος μετὰ Πολυκράτους καὶ
Πετραίου, φιλῶ δὲ τὸν καθηγεμόνα ταύτης τῆς πολιτείας   C

---

138. Sanctuaire de Déméter Palaia, près d'Anthéla aux
Thermopyles, le premier siège de l'Amphictyonie pylaea-delphique.

aucune occasion de le convaincre d'erreur ; et c'est lui qui a rempli d'offrandes et de présents, barbares et grecs, le sanctuaire prophétique, et qui l'a embelli des constructions et des aménagements amphictyoniques. Voyez plutôt de vos yeux combien de monuments se dressent qui n'existaient pas auparavant, et combien d'autres, ruinés et détruits, ont été restaurés ! Comme les arbres vigoureux font surgir de nouvelles floraisons, Delphes de même fait grandir et croître avec elle la Pylaia[138], qui, grâce aux ressources venues d'ici, s'orne d'édifices sacrés, de salles de réunion, de fontaines et prend un aspect et un développement qu'elle n'a jamais connus auparavant dans un espace de mille années. Ceux qui habitent près du Galaxion[139] en Béotie reconnurent la présence du dieu à une abondance extraordinaire de lait :

"De toutes les brebis jaillissaient bruyamment,
Comme des sources coule une eau délicieuse,
Des flots de lait ; en hâte on emplissait les jarres ;
Dans les maisons, plus d'outre ou d'amphore inutile ;
Les seaux de bois et les jarres, tout était plein[140]";

mais à nous, ce sont des signes plus magnifiques, plus forts et plus clairs que ceux-là qu'il prodigue, en créant, pour ainsi dire, d'un sol auparavant desséché, pauvre et désertique, l'abondance, la magnificence et la gloire. Sans doute je m'applaudis, pour ma part, d'avoir contribué avec zèle au succès de ces entreprises, en compagnie de Polycratès et de Pétraios[141], et j'applaudis celui qui a été notre guide dans la conduite de ces

---

139. Sanctuaire d'Apollon Galaxios, probablement situé près de Thèbes et du fleuve Ismenion. On a mis l'épithète *galaxios* en relation avec l'abondance de lait que le dieu fait jaillir des brebis *(infra)*.

140. Pindare fr. 104b Snell-Maehler.

141. Il s'agit de deux notables citoyens de Delphes.

γενόμενον ἡμῖν καὶ τὰ πλεῖστα τούτων ἐκφροντίζοντα καὶ
παρασκευάζοντ' ⟨αὐτοκράτορ' Ἀδριανὸν Καίσαρα⟩ · ἀλλ'
οὐκ ἔστιν [ἄλλως ὅτι] τηλικαύτην καὶ τοσαύτην μεταβολὴν
ἐν ὀλίγῳ χρόνῳ γενέσθαι δι' ἀνθρωπίνης ἐπιμελείας,
μὴ θεοῦ παρόντος ἐνταῦθα καὶ συνεπιθειάζοντος τὸ χρηστήριον.

30 « Ἀλλ' ὥσπερ ἐν τοῖς τότε χρόνοις ἦσαν οἱ τὴν
λοξότητα τῶν χρησμῶν καὶ ἀσάφειαν αἰτιώμενοι, καὶ
νῦν εἰσὶν οἱ τὸ λίαν ἁπλοῦν συκοφαντοῦντες. Ὧν παιδικόν
ἐστι κομιδῇ καὶ ἀβέλτερον τὸ πάθος · καὶ γὰρ οἱ παῖδες
ἴριδας μᾶλλον καὶ ἅλως καὶ κομήτας ἢ σελήνην καὶ D
ἥλιον ὁρῶντες γεγήθασι καὶ ἀγαπῶσι, καὶ οὗτοι τὰ
αἰνίγματα καὶ τὰς ἀλληγορίας ⟨καὶ⟩ τὰς μεταφορὰς τῆς
μαντικῆς, ἀνακλάσεις οὔσας πρὸς τὸ θνητὸν καὶ φαν-
ταστικόν, ἐπιποθοῦσι · κἂν τὴν αἰτίαν μὴ ἱκανῶς πύθωνται
τῆς μεταβολῆς, ἀπίασι τοῦ θεοῦ καταγνόντες, οὐχ ἡμῶν
οὐδ' αὐτῶν ὡς ἀδυνάτων ὄντων ἐξικνεῖσθαι τῷ λογισμῷ
πρὸς τὴν τοῦ θεοῦ διάνοιαν. »

affaires, qui lui-même en médite et en prépare presque tous les détails, l'empereur Hadrien César[142]. Mais il n'est pas possible qu'un changement aussi grand, aussi complet ait eu lieu en si peu de temps par le soin des hommes seuls, sans la présence d'un dieu qui confère à l'oracle son autorité divine.

30. « Cependant, de même qu'autrefois l'on reprochait aux oracles leur ambiguïté et leur obscurité, voici que maintenant certaines gens dénoncent en eux une trop grande clarté. C'est là un état d'esprit tout à fait puéril et sot. Les enfants, en effet, en voyant des arcs-en-ciel, des halos, des comètes, éprouvent plus de plaisir et de joie qu'à voir la lune et le soleil, et ceux-là, de même, regrettent les énigmes, les allégories, les métaphores de l'oracle, qui n'étaient que des réfractions appropriées à la nature de nos esprits mortels et avides d'images ; puis, s'ils ne parviennent pas à connaître suffisamment la cause du changement, ils s'éloignent du dieu et s'en prennent à lui, au lieu de s'en prendre à nous et à eux-mêmes, comme étant incapables d'atteindre par le raisonnement la pensée du dieu. »

---

142. Le texte, compliqué par une lacune, ne laisse pas trancher avec certitude sur l'identité du personnage. D'après R. Flacelière, ces mots contiennent l'éloge de l'empereur Hadrien (117-38). Voir aussi *Revue de philologie*, 8 (1934), p. 56-66, alors que pour Ziegler, *op. cit.*, p. 36, le sujet est Plutarque même. Cf. B. Puech, « Prosopographie des amis de Plutarque », *ANRW*, II, 33, 6, 1991, p. 4831-4893.

Bibliographie

Collectif, *Oracles et mantique en Grèce ancienne* (Actes du Colloque de Liège 1989), *Kernos* 3 (1990).

P. AMANDRY, *La Mantique apollinienne à Delphes*, Paris, De Boccard, 1950.

D. BABUT, « Stoïciens et stoïcisme dans les *Dialogues Pythiques* de Plutarque », *Illinois Classical Studies* 18 (1993), p. 203-227.

I. CHIRASSI COLOMBO et T. SEPPILLI (sous la dir.), *Sibille e Linguaggi oracolari* (Actes du Colloque International de Macerata-Norcia,1994), Pise-Rome, Istituti editoriali e poligrafici dello Stato, 1999.

J. DEFRADAS, *Les Thèmes de la propagande delphique*, Paris, Les Belles Lettres, 1954.

R. FLACELIÈRE, « Plutarque et la Pythie », *Revue des Études grecques* 56 (1943), p. 72-111.

I. GALLO (sous la dir.), *Plutarco e la religione* (Actes du VIe colloque sur Plutarque, Ravello 1995), Naples, M. D'Auria, 1996.

M. GARCIA VALDÈS (sous la dir.), *Estudios sobre Plutarco: ideas religiosas* (Actes du IIIe colloque international sur Plutarque, Oviedo, 1992), Madrid, Ed. Clasicas, 1994.

J. G. HEINZ (sous la dir.),*Oracles et prophéties dans l'Antiquité*, Université de Strasbourg, Paris, De Boccard, 1997.

L. MAURIZIO, « Anthropology and Spirit Possession : A Reconsideration of the Pythia's Role at Delphi », *Journal of Hellenic Studies*, 115 (1995), p. 69-86.

H. W. PARKE et D. E. WORMELL, *The Delphic Oracle*, I-II, Oxford, Basil Blackwell, 1956.

J. ROUX, *Delphes, son oracle et ses dieux*, Paris, Les Belles Lettres, 1976.

G. ROUGET, *La Musique et la transe*, Paris, Gallimard, 1990².

D. SHULMAN et G. STROUMSA (sous la dir.), *Self and Self-Transformation in the History of Religions*, Oxford-New York, Oxford University Press, 2002.

J. SIRINELLI, *Plutarque*, Paris, Fayard, 2000.

G. SOURY, « Plutarque, prêtre de Delphes. L'inspiration prophétique », *Revue des Études grecques* 55 (1942), p. 50-69.

P. VEYNE, « Prodiges, divination et peur des dieux chez Plutarque », *Revue de l'histoire des religions,* 216(1999), p. 387-442.

K. ZIEGLER, *Plutarchos,* in Pauly-Wissova, *Realencyclopädie der Altertumwissenschaft*, XXI-I 1951, col. 639 961 sqq.

TABLE

Ce volume,
de la collection « Classiques en poche »,
publié aux Éditions Les Belles Lettres,
a été achevé d'imprimer
en février 2007
dans les ateliers
de l'imprimerie Jouve
11, boulevard de Sébastopol, 75001 Paris

Dépôt légal : mars 2007.
N° d'édition : 6538 - N° d'impression : 422750W

Imprimé en France